Der

Waren-Terminhandel.

Der Waren-Terminhandel,

seine Technik und volkswirtschaftliche Bedeutung.

Von

Dr. Carl Johannes Fuchs,
Privatdocent an der Universität Straßburg i. E.

Sonderabdruck aus Schmollers Jahrbuch für Gesetzgebung 2c.
Jahrgang XV, Heft 1.

Leipzig,
Verlag von Duncker & Humblot.
1891.

Inhaltsverzeichnis.

		Seite
I.	Begriff und geschichtliche Entwicklung des Waren-Terminhandels	4— 8
II.	Die moderne Technik des Waren-Terminhandels	8—20
III.	Die volkswirtschaftliche Bedeutung des Waren-Terminhandels	20—54
	Nachtrag	55

Neben der Arbeiterfrage, der Handelspolitik und den Industriekartellen ist in jüngster Zeit der Streit über die Nützlichkeit oder Schädlichkeit des Terminhandels in Waren in die Reihe der wichtigsten aktuellen Fragen der Volkswirtschaft getreten. Auf der einen Seite zeigt sich eine rapid zunehmende Ausdehnung dieser Geschäftsform auf immer weitere Handelsplätze und immer neue Handelszweige, auf der anderen Seite aber gleichzeitig eine wachsende Opposition gegen dieselbe sowohl innerhalb des Handelsstandes selbst wie in den Kreisen der Konsumenten. Nachdem schon im vorigen Jahre der Deutsche Reichstag in der Sitzung vom 16. Mai 1889 verschiedene Petitionen um Verbot oder Einschränkung des Warenterminhandels den verbündeten Regierungen zur Erwägung überwiesen hatte, ist im letzten Sommer ein Aufruf zu einer Massenpetition verbreitet worden und durch alle Zeitungen gegangen, durch welche der Reichstag aufgefordert werden soll, „die geeigneten Maßregeln zu ergreifen, um unter Anlehnung an das Votum vom 16. Mai 1889 zwischen Lieferungshandel und börsenmäßigem Terminhandel — soweit ein solcher in Nahrungsmitteln und sonstigen unentbehrlichen Verbrauchsgegenständen betrieben wird — im Wege der Gesetzgebung die Grenzen zu ziehen". In diesem von Franz Kathreiner und Konsorten unterzeichneten Aufruf heißt es:

„Nachdem die Frage über die Nützlichkeit oder Schädlichkeit des börsenmäßigen Warenterminhandels unter dem Eindrucke der Kupfer- (!), Kaffee- und Zuckerkrisen der jüngsten Vergangenheit wieder in den Vordergrund gestellt, ja für den Handelsstand bereits zu einer brennenden Tagesfrage geworden ist, ohne daß es bisher gelungen wäre, die gegnerischen Meinungen zu einem einheitlichen Antrag zu vereinen, nachdem ferner aber von Freund und Gegner nicht mehr

bestritten werden kann, daß der Terminhandel die Preise für Nahrungs=
mittel und unentbehrliche Verbrauchsgegenstände einseitig und künstlich
beeinflußt, indem er dieselben heute unnatürlich nach oben zu treiben
weiß — zum Schaden der Konsumenten, um sie morgen ebenso un=
natürlich nach unten zu werfen — zum Nachteil des Produzenten und
des Fachhandels; nachdem weiterhin nicht mehr in Abrede zu stellen
ist, daß der Terminhandel auch auf die Beschaffenheit der Waren einen
ungünstigen Einfluß ausübt, da die daran beteiligten Personen von
der Ware selbst wenig oder gar nichts verstehen, sie auch nicht zu
pflegen wissen, selbst nicht einmal ein Interesse an ihrer Beschaffenheit
haben, sondern dieselben lediglich als »Objekt« des Differenzspiels
betrachten; da außerdem auch zugegeben werden muß, daß der Termin=
handel an Umfang und Bedeutung in schneller Folge und beständig
zunimmt, weil ein Verbrauchsartikel nach dem anderen von der
Spekulation rücksichtslos ausgebeutet wird; da zudem das Beispiel
einiger weniger Gewinner den Trieb zur Arbeit in immer breiteren
Kreisen hemmt, die Sucht zu müßigem Börsenspiele dagegen, gesteigert
durch den Einfluß der neugeschaffenen sogenannten Liquidationskassen,
in immer bedenklicherem Maße fördert; da es endlich für die wirt=
schaftlichen Interessen der Gesamtheit nicht gleichgültig bleiben kann,
wenn durch die systematische und wechselweise Ausbeutung der Produ=
zenten, der Konsumenten wie auch des Fachhandels der erwerbende
Mittelstand in seiner Leistungsfähigkeit immer weiter rückwärts ge=
drängt, die Kapitalgewalten dagegen immer stärker und allmächtiger
werden, ihre Macht auch immer rücksichtsloser auszunutzen wissen",
haben die Unterzeichneten die neue Petition an den Reichstag und
deren möglichste Verbreitung beschlossen.

Durch diesen Appell an die öffentliche Meinung ist aber die
Entscheidung über eine Lebensfrage des modernen Handels in Kreise
getragen worden, welche — und man kann dazu ruhig auch einen Teil
des binnenländischen Handelsstandes selbst rechnen — keine klare Vor=
stellung von der Natur des Warenterminhandels oder doch wenigstens
keine genaue Kenntnis der ziemlich komplizierten Technik desselben be=
sitzen und somit zu einem Urteil füglich nicht befähigt sind, und es
besteht daher die Gefahr, daß gegen jene wichtige Handelsform ein
wesentlich auf Unkenntnis beruhender Sturm der öffentlichen Meinung
erregt und die Regierung zu Schritten gedrängt wird, welche die
Interessen des Handels und damit auch der Nation schwer schädigen
würden. Es besteht daher ein entschiedenes Bedürfnis, weitere Kreise
mit Natur und Technik des Warenterminhandels bekannt zu machen

und auf dieser Grundlage unbefangen die wirtschaftliche Bedeutung desselben zu prüfen. Dies soll im folgenden — in kritischer Zusammenfassung der neueren Speciallitteratur[1] mit eigenen Studien über den Gegenstand — versucht und insbesondere die im Mittelpunkt des aktuellen Interesses stehende Frage der Liquidationskassen etwas eingehender behandelt werden. Damit will keineswegs das letzte Wort in dieser wichtigen Frage gesprochen, sondern eigentlich die wissenschaftliche Diskussion derselben erst eröffnet werden, nachdem bisher — wenigstens in Deutschland — hauptsächlich nur die Interessenten darin zum Wort gekommen sind[2].

Der Darstellung der modernen Technik ist eine kurze Einleitung über Begriff und Geschichte des Terminhandels in Waren vorauszuschicken.

---

[1] Dr. jur. Ed. Jacobson, Terminhandel in Waren. Aus dem Holländischen übersetzt von Franz Stapff. Im Verlag „Allgemeine Kaffeezeitung", Rotterdam 1889. Eine ausführliche, alle wichtigen Länder umfassende wissenschaftliche Darstellung, welche außer der Technik namentlich die juristische Seite der Frage erschöpfend behandelt und auf die im allgemeinen für die näheren Details verwiesen werden muß. Leider ist die deutsche Übersetzung sehr mangelhaft.

Der Terminhandel. Sonderabdruck aus der Hamburgischen Börsenhalle. Hamburg 1889. Eine sehr geistreiche, rein theoretische Untersuchung, welche Kenntnis der Technik voraussetzt.

E. T.: Der Kreuzzug wider den Terminhandel. Volkswirtschaftliche Zeitfragen, Heft 85/86. Berlin 1889, Leonh. Simion. Eine gewandte, offenbar von einem Praktiker herrührende Verteidigungsschrift, hervorgerufen durch die Reichstagssitzung vom 16. Mai 1889 und insbesondere die daselbst gehaltene Rede des Abgeordneten Gamp.

[2] Die sonst ausgezeichneten wissenschaftlichen Untersuchungen von Michaelis (Die wirtschaftliche Rolle des Spekulationshandels, Volkswirtschaftliche Schriften Bd. II, Berlin 1873) und Cohn, Zeitgeschäfte und Differenzgeschäfte, Volkswirtschaftliche Aufsätze. Stuttgart 1882. Nr. IX (eine Zusammenfassung älterer Aufsätze in Hildebr. Jahrb. Bd. VII u. IX) halten, wie schon Struck (Die Effektenbörse) mit Recht hervorgehoben hat, den Zeithandel in Effekten und denjenigen in Waren nicht immer genügend auseinander und haben die jüngste Entwicklung des letzteren noch nicht gekannt.

I.
Begriff und geschichtliche Entwicklung des Waren-Terminhandels.

Der Terminhandel ist, formell betrachtet, nur eine Unterart des **Lieferungs- oder Zeithandels**[1]. Unter letzterem aber versteht man bekanntlich diejenigen Geschäfte, bei welchen das Kaufobjekt erst an einem bestimmten künftigen Zeitpunkt zu liefern ist, und unterscheidet sich nun das Termingeschäft dadurch von den gewöhnlichen Lieferungsgeschäften, daß bei ihm alle wichtigen Punkte des Kontrakts bis zu einem gewissen Grade der Willkür der Parteien entzogen und durch Börsenusancen schematisch festgesetzt sind: und zwar die Länge des Lieferungstermins (z. B. ob 1 oder 2 Monat), welcher wegen des Zusammenhangs dieser Geschäftsform mit der überseeischen Schiffahrt eine gewisse Dehnbarkeit besitzen muß, die Qualität, welche die gelieferte Ware mindestens haben muß, und endlich auch die Quantität, nämlich die Kontraktseinheit, deren Vielfaches nur gehandelt werden darf; all dies ist in den offiziellen Kontraktsformularen der betreffenden Terminbörse von vornherein genau geregelt, den Parteien bleibt nur die Bestimmung des Monats bzw. der Monate, des Preises und der Zahl der Kontraktseinheiten überlassen. Es dürfen also z. B. nur 500 Sack Kaffee — oder ein beliebiges Vielfaches davon — von der Qualität „good average Santos" auf Monatstermine gehandelt werden.

Das Termingeschäft ist also äußerlich nur ein genauer formuliertes, durch Börsenusancen reglementiertes Zeit- oder Lieferungsgeschäft. Dasselbe bildet aber dabei in dieser Form — wie wir an anderer Stelle gezeigt haben — gleichzeitig die letzte Stufe einer planmäßigen, geschichtlichen Entwicklung, welche einem doppelten Ziele zustrebt: einmal fortgesetzte Abkürzung des Zeitraums zwischen der Produktion und dem Absatz einer Ware, bis letzterer der ersteren sogar vorauseilt, und sodann: allmähliche Umwandlung des individuellen Warenkaufs in einen generellen[2].

---

[1] Vgl. R. Sonndorfer, Technik des Welthandels. Wien und Leipzig 1889. S. 10.

[2] Vgl. meine Abhandlungen: „Die Organisation des Liverpooler Baumwollhandels" im Jahrbuch Jahrg. XIV Heft 1 S. 115 und „Der englische Getreidehandel und seine Organisation", Jahrb. für Nationalökonomie und Statistik. N. F. XX 31.

Da aber das Termingeschäft nur eine specielle Form des Lieferungsgeschäftes ist, aus diesem entwickelt durch das bei zunehmendem Umfang entstandene Bedürfnis nach allgemeiner einheitlicher Regelung desselben, so ist auch die Geschichte des Terminhandels von der des Lieferungshandels überhaupt nicht zu trennen, und der Übergang aus letzterem in ersteren häufig gar nicht festzustellen, da er mit der Entwicklung der börsenmäßigen Organisation des betreffenden Handelszweiges und Handelsplatzes zusammenhängt, worüber die Quellen in der Regel außerordentlich spärlich fließen.

Der Zeit- oder Lieferungshandel hat nun seinen Ursprung nicht im Warenhandel, sondern im Effektenhandel, wie sich dieser bereits im 17. Jahrhundert in den Aktien der damals begründeten Handelskompagnieen ausbildete. So begegnen wir dem ersten ausgebreiteten Zeithandel in den Niederlanden mit den Anteilen der „Niederländisch-Ostindischen Gesellschaft" seit dem Jahre 1605 infolge des stark schwankenden Kurses derselben, und schon 1610 wurde ein Gesetz gegen das Verkaufen von Aktien, die man noch nicht besaß, den sogenannten „Blancoverkauf" erlassen[1]. Die gleiche Entwicklung trat nach Gründung der „Niederländisch-Westindischen Compagnie" seit 1621 ein, und kurz darauf finden wir auch den ersten, allerdings unbedeutenden Lieferungshandel in Waren, und zwar in den Produkten der Walfischfängerei, Thran und Walfischbarden[2]. Auch hier war es ohne Zweifel die Unsicherheit des Bezugs infolge des wechselnden Glückes beim Walfischfang, was die Spekulation anreizte. In dieselbe Zeit fällt dann der bekannte „Tulpenschwindel", welcher auf seinem Höhepunkte in den Jahren 1634—37 auch Lieferungsgeschäfte in Tulpen auf die folgende Erntezeit in sich schloß. Am Ende des 17. Jahrhunderts existierte dann aber auch bereits ein Zeithandel in Getreide in Amsterdam, wie das 1693 ergangene Verbot desselben beweist. Um dieselbe Zeit tauchen in Holland und England schon die ersten sogenannten „Prämiengeschäfte" auf. Ein besonders starker Lieferungshandel in Waren muß wiederum in Amsterdam um 1720 bestanden haben, wie sich aus den berühmten Werken „Koophandel van Amsterdam" und „Le négoce d'Amsterdam" von Jean Pierre Ricard, 1722 ergiebt. Und zwar erstreckte sich derselbe auf Getreide, Kaffee, Öl und Ölsamen sowie andere Waren, wie Kakao, Branntwein, Cochenille, Salpeter ꝛc., und hatte bereits eine so ausgebildete Technik namentlich des Prämien-

---

[1] Vgl. Jacobson a. a. O. S. 56 ff.
[2] Ebenda S. 60.

geschäfts, daß dieselbe der modernen wenig nachsteht und man hier bereits von Terminhandel in modernem Sinne sprechen mag[1]. Auch jetzt wurden diese Geschäfte in Getreide, Öl und Ölsamen wieder verboten und zwar durch die Plakate von 1756 und 1775, in anderen Waren blieben sie unangefochten.

In **England** begegnen wir während des 17. und 18. Jahrhunderts zwar einem Zeithandel in Effekten, aber nicht in Waren, ebensowenig in **Frankreich** vor der Revolution. Nach dieser aber begann auch hier ein lebhafter Zeithandel in Waren, wie Zucker, Öl und Spirituosen.

Einen neuen Aufschwung nahm dann der Lieferungshandel in diesem Jahrhundert wieder in den Niederlanden mit der Errichtung der Niederländischen Handels-Maatschappij, 1824. Dabei erfolgte nämlich zum erstenmal eine genaue Regelung des Lieferungshandels durch ein von den Interessenten abgefaßtes, allgemein verbindliches Reglement und damit der eigentliche Übergang aus dem einfachen Lieferungshandel in den modernen sogenannten „Terminhandel". Das Gleiche geschah für Waren ebenfalls in Amsterdam mit dem „Reglement op den handel in olie op termijn" vom 6. Juli 1828[2]. In **Deutschland** fand der Lieferungshandel erst in diesem Jahrhundert Eingang und zwar ebenfalls zuerst bei Wertpapieren; etwas später dann auch in Waren, und zwar in Getreide, zuerst in Stettin, dann in Berlin, wo seit 1832 ein Lieferungs- (Termin-?) Handel für Roggen, Hafer, Rüböl und Spiritus und seit 1866 auch für Weizen bestand[3].

Wie der Ursprung des Zeithandels in jene Periode fällt, wo sich zuerst durch die staatlich privilegierten Handelsgesellschaften ein Verkehr nach entfernten Ländern in größerem Umfang zu entwickeln begann, so breitete sich derselbe mit dem Wachstum des internationalen Verkehrs allmählich weiter aus, aber erst mit der Ausbildung der modernen Verkehrsmittel in der zweiten Hälfte dieses Jahrhunderts, mit der außerordentlichen Beschleunigung und Vervollkommnung des Güter- und Nachrichtenverkehrs konnte er in der verbesserten Form des Terminhandels seine heutige, stets wachsende Ausdehnung und Bedeutung gewinnen. Und zwar gingen nunmehr in der Ausbildung und Verfeinerung des letzteren die **Vereinigten Staaten**

---

[1] Vgl. Cohn, Zeitgeschäfte und Differenzgeschäfte (Jahrbb. f. Nat. u. Stat. 1866. VII 400).

[2] Jacobson a. a. O. S. 89.

[3] Vgl. Emil Meyer, Bericht über den Weizen-, Roggen- und Spiritushandel in Berlin 1857—81. Berlin 1882.

von Nordamerika am schnellsten voran; mit der Ausbildung der Weltwirtschaft aber ergab sich auch für die übrigen Kulturstaaten die Notwendigkeit, ihrem Beispiel zu folgen. Auch das konservative England, das bis dahin nur Zeithandel in Effekten gehabt, konnte dem Zuge der Zeit nicht auf die Dauer widerstehen: nachdem sich seit den 40er Jahren eine Art Lieferungshandel in Gestalt des Handels in schwimmenden Ladungen „auf Ankunft" oder „auf Verschiffung" in großem Maßstabe entwickelt hatte[1], wurde auch ein eigentlicher Terminhandel eingeführt und zwar zuerst in Liverpool für Baumwolle und Getreide, dann in London für Petroleum, Zucker, Kaffee, Rohseide, Getreide 2c.

Und so geht gegenwärtig in diesen und anderen Handelsartikeln ein großer Handelsplatz Europas nach dem anderen zum Terminhandel über[2].

Die börsenmäßige Organisation desselben ist dabei an den verschiedenen Plätzen eine überaus mannigfaltige: entweder wird die betreffende „Terminbörse", von welcher die Usancen ausgehen und auf welche die Abschließung solcher Geschäfte ausschließlich beschränkt ist, gebildet von der an dem Platze bestehenden allgemeinen Produktenbörse oder speciellen Fachbörse, oder von einem Börsenverein der an dem betreffenden Handel beteiligten Makler oder Makler und Händler, oder endlich von einer zur Vereinfachung und Sicherstellung des Terminhandels errichteten sogenannten „Liquidationskasse" (Aktien-

---

[1] Vgl. meine citierte Abhandlung: „Der englische Getreidehandel" a. a. O. S. 32 ff.

[2] Die wichtigsten Terminbörsen der Gegenwart sind:

Für Getreide (und z. T. Mehl): Berlin, Antwerpen, Liverpool, London, New York, Chicago, Duluth, St. Louis, Wien, Pest, Paris, Mannheim, Köln, Stettin, Breslau, Czernowitz.

Mais: London, Pest, Mannheim, New York.

Kaffee: New York, Hamburg, Havre, Marseille, Paris, London, Rotterdam, Amsterdam, Antwerpen.

Zucker: Hamburg, Magdeburg, London, Paris, Prag, Kiew.

Baumwolle: New York, Liverpool, Bremen, Havre.

Spiritus: Berlin, Paris, Hamburg, Stettin, Breslau.

Rüböl: London, Paris, Berlin, Breslau, Stettin, Köln.

Petroleum: Antwerpen, Hamburg.

Schweineschmalz: New York, Paris, Havre.

Kammzug: Leipzig.

N.B. Bei den letztgenannten Artikeln dieser Aufzählung, die keinen Anspruch auf Vollständigkeit erhebt, konnte nicht überall in Erfahrung gebracht werden ob daselbst nur Lieferungshandel oder Terminhandel besteht.

gesellschaft). Die Geschichte dieses letzteren Instituts und des ebenfalls dem Terminhandel dienenden „Waren-Clearinghauses" wird bei der Darstellung ihrer Technik nachzuholen sein.

II.
Die moderne Technik des Warenterminhandels.

Denken wir uns zwei Weizenhändler A und B, welche im März ein Lieferungsgeschäft über 50 Tonnen Weizen auf Juni-Lieferung für 185 Mark per Tonne (= 1000 Kilogramm) abgeschlossen haben. Dann ist das Zustandekommen dieses Lieferungsgeschäfts zunächst ein Beweis dafür, daß die beiden über den künftigen Gang der Preise entgegengesetzter Meinung sind: A glaubt nach seinen Informationen über die Lage des Weltmarktes, der Preis werde bis zum Mai auf 180 Mark sinken; wenn er also den Weizen schon besitzt oder durch ein anderes Lieferungsgeschäft oder eine schwimmende Schiffsladung bis dahin zu bekommen erwartet, so würde er dadurch 5 Mark per Tonne verlieren, wenn er erst im Mai verkaufen wollte; hat er aber blanko verkauft, ohne den Weizen zu besitzen oder bestimmt zu erwarten, so hofft er, wenn seine Beurteilung richtig ist, ihn dann im Mai um 180 Mark einkaufen und so 5 Mark per Tonne gewinnen zu können. Umgekehrt erwartet B ein Steigen des Preises auf 188 Mark und damit also einen Gewinn von 3 Mark per Tonne.

Der Juni kommt heran. Hat nun A die 50 Tonnen Weizen inzwischen auf irgend eine Weise erhalten, so wird er sie an B liefern. Nehmen wir nun an, daß am 30. Juni, dem letzten Tag des Termins, wo A spätestens liefern muß, der Preis, wie A erwartet hatte, auf 180 Mark gesunken ist, dann erhält er wenigstens trotz dem gesunkenen Markte dafür den ursprünglichen, einen billigen Geschäftsgewinn für ihn gewährenden Preis von 185 Mark, in dessen Erwartung er jenen früher gekauft hatte, d. h. es wird ihm ein Verlust von 250 Mark erspart. Es kann aber auch sein, daß A in der Zwischenzeit den Weizen nicht erhalten hat oder den empfangenen nicht auf Termin hergeben will, weil derselbe besserer Qualität ist als hierfür nötig, oder weil er in der nächsten Zukunft eine bessere Wendung des Marktes erwartet. In diesem Falle kann er nun 50 Tonnen am 30. Juni zu 180 Mark per Tonne auf dem Markt einkaufen und an B liefern, welcher 185 Mark dafür geben muß, so daß also hier A 250 Mark an dem Geschäft gewinnt. B andrerseits kann nun entweder der Meinung sein, daß die von ihm erwartete Preissteigerung auf 188 Mark doch demnächst noch eintreten werde und daher den empfangenen Weizen auf Lager nehmen; oder aber er glaubt nicht, daß bald eine solche Steigerung erfolgen werde, daß er mit Gewinn verkaufen kann und die Kosten der Lagermiete und Verzinsung ersetzt erhält, — dann wird er den Weizen lieber sofort, also zu 180 Mark verkaufen, als durch Zuwarten noch größere Verluste zu riskieren; er verliert also bei dem Geschäft 250 Mark, d. h. genau soviel, als A gewonnen hat.

Damit dies Resultat erreicht wird, ist aber nötig, daß A einen Dritten findet, von welchem er die 50 Tonnen zu 180 Mark die Tonne, d. h. zum Tageskurs am 30. Juni, kaufen kann, und B dann einen Vierten, an welchen er sie zu diesem Preis wieder verkaufen kann. Es ist ferner zweimalige Bezahlung und wohl auch Untersuchung der Ware auf ihre Lieferbarkeit nötig, während für A und B doch das gleiche pekuniäre Resultat erzielt wird, wenn A die 50 Tonnen von B zum Tageskurs zurückkauft, d. h. wenn einfach B dem A die 250 Mark, die letzterer nach dem Tageskurs gewonnen hat, zahlt. Wenn also A nicht schon Weizen hat, den er wirklich verkaufen will, und B nicht wirklich Weizen braucht als Konsument oder zur Erfüllung anderer Engagements, dann kommen beide Teile überein, daß die Begleichung dieser **Differenz zwischen Kontraktpreis und Marktpreis am Tag der Erfüllung** an die Stelle wirklicher Lieferung und Bezahlung der ganzen Kaufsumme treten soll. Ganz ebenso liegt die Sache im umgekehrten Fall, wenn nämlich B recht behält und der Preis im Juni auf 188 Mark steigt.

Dadurch entsteht also ein sogenanntes „**Differenzgeschäft**", aber dieses ist von einem „Effektivgeschäft", einem Geschäft mit wirklicher Lieferung der Ware, äußerlich nicht zu unterscheiden. Denn erst bei der Abwicklung stellt sich diese Form der Erledigung des Geschäfts als im Interesse beider Parteien heraus, in dem Kontrakt aber, in den Bedingungen der börsenmäßigen Schlußscheine, ist überall ausdrücklich wirkliche Lieferung stipuliert und diese kann auch immer von jeder der beiden Parteien gefordert werden. Mit anderen Worten faßt Jacobson den Zusammenhang zwischen Lieferungsgeschäften und Differenzgeschäften ebenso kurz als treffend folgendermaßen zusammen:

„Der Übereinkunft von Kauf und Verkauf von Waren auf Zeit ist nachzukommen durch Lieferung und Bezahlung am festgestellten Termin. Wenn jedoch an diesem Zeitpunkt der Verkäufer derartige Ware nicht besitzt (oder sich nicht davon trennen will) und er sie kaufen müßte, um sie liefern zu können, andrerseits der Käufer derartige

Ware nicht nötig hat und sie nach Empfangnahme also wieder verkaufen müßte, dann können die Parteien die Lieferung und Bezahlung ersetzen durch Begleichung des Unterschiedes zwischen dem bei der Übereinkunft ausgedrückten Preis und dem am Tage der Erfüllung. Und sie werden dieser Art der Erfüllung den Vorzug geben, wenn sie durch die Umstände und durch ihre Ansicht bezüglich des zukünftigen Ganges der Preise geleitet dies in ihrem Interesse erachten."

In Wirklichkeit werden überall, wo ein lebhafter Terminhandel besteht, die Mehrzahl der Geschäfte in dieser Weise durch Differenzzahlung erledigt. An sich ist dies ja auch bei einfachen Lieferungsgeschäften möglich, aber die Voraussetzung, worauf die Differenzzahlung beruht, daß nämlich in obigem Beispiel A am Lieferungstag leicht einen Dritten findet, von welchem er genau soviel Weizen und von solcher Qualität kaufen kann, wie er B liefern muß, und daß andrerseits letzterer ebenso leicht einen Abnehmer findet, kann begreiflicherweise in größerem Umfang nur gegeben sein, wenn Quantität und Qualität für alle Kontrakte gleich sind, d. h. beim Terminhandel.

Es kommt nun aber für die Frage, wer bei dem Geschäfte gewinnt, wie wir sahen, alles an auf den Marktpreis am Tag der Erfüllung, und es ist daher wichtig, inwieweit die Wahl des letzteren in das Belieben der Partei gestellt ist. Bei den Termingeschäften ist nun, wie schon erwähnt, die Dauer des Lieferungstermins usancemäßig bestimmt, und zwar gewöhnlich auf 1, auch 2 Monat. Dies heißt, der Verkäufer muß spätestens am letzten (oder auch drittletzten) Tage dieser Frist liefern bezw. die Lieferung anbieten und die Erledigung des Geschäfts durch Differenzzahlung herbeiführen, er darf dies aber auch schon an jedem vorausgehenden Tage des Termins. Manchmal erhält auch — natürlich gegen einen höheren Preis — der Käufer umgekehrt das Recht, an einem beliebigen Tage des Monats die Lieferung zu verlangen.

Kehren wir zu unserem Beispiel zurück: B hat im März zu 185 Mark gekauft, in der Hoffnung, der Preis werde bis Juni auf 188 Mark steigen. Nun sinkt derselbe aber statt dessen im Mai auf 181 Mark; allein er hofft doch auf ein Wiederanziehen um wenigstens 2 Mark bis Juni und kauft daher im Mai noch einmal 50 Tonnen auf Junilieferung zu Mark 181. Trifft diesmal seine Erwartung ein, und steigt der Preis wieder auf 183, so gewinnt er also an dem zweiten Geschäft wieder zurück, was er an dem ersten verliert. Man nennt daher eine solche Transaktion „Meliorations-" oder „Bonifikationsgeschäft". Sinkt aber der Preis doch weiter, so hat B allerdings doppelten Verlust aus beiden Geschäften.

Daraus hat sich nun schon frühzeitig das Bedürfnis entwickelt, bei Abschluß solcher Geschäfte die Höhe des möglichen Verlustes wenigstens zu beschränken. Dazu dienen die sogenannten "Prämiengeschäfte". Man unterscheidet 1. Lieferungs- oder Vorprämie. Hier zahlt der Käufer eine Prämie dafür, daß er bei ungünstiger Wendung des Marktes vom Vertrag zurücktreten darf. Ist nun an dem festgesetzten Tage, wo er sich darüber erklären muß — entweder der 15. des Monats, oder ein anderer besonders vereinbarter Tag — der Preis gestiegen, so wird er den Vertrag aufrechterhalten, und dann kommt die gezahlte Prämie von seinem Gewinn in Abzug; ist dagegen der Preis gesunken, so erklärt er vom Vertrag zurückzutreten und kann dann nicht mehr verlieren als die gezahlte Prämie. Umgekehrt wird 2. die Empfangs- oder Rückprämie vom Verkäufer gezahlt für das Recht, bei Steigen des Preises nicht liefern zu müssen. Beide Geschäfte können auch verbunden werden zum sogenannten "Zwei-Prämiengeschäft", indem ein und dieselbe Person zwei Prämien zahlt, als Käufer und als Verkäufer; B kauft z. B. von A und sichert sich durch Prämie Rücktritt vom Geschäft, verkauft aber gleichzeitig ein gleiches Quantum zum selben Preis an C und zahlt auch diesem eine Prämie; dann kann er im ungünstigsten Fall nicht mehr als beide Prämien verlieren, er rechnet aber darauf, daß nach der einen oder andern Seite hin eine Preisschwankung eintreten wird, die die Summe beider Prämien übersteigt.

Sodann können sie aber auch zu einem Geschäft verschmolzen werden, indem A dem B eine doppelte Prämie bezahlt für das Recht, am Erfüllungstag entweder als Käufer oder als Verkäufer einer bestimmten Quantität zu einem bestimmten Preis sich zu erklären. B hat hier also jedenfalls Verlust, rechnet aber darauf, daß dieser geringer sein werde als die doppelte Prämie. Man nennt dies "Stellgeschäft" oder "Stellage", weil hier der eine dem andern seine Stelle in dem Geschäft als Käufer oder Verkäufer anweist.

Endlich gehören hieher noch die sogenannten "Optionen": das "Nochgeschäft" und der "Schluß auf fest und offen", bei welchen es sich darum handelt, gegen einen höheren Preis eine größere oder eine kleinere Quantität als die im Kontrakt vereinbarte liefern oder verlangen zu dürfen. Die Nochgeschäfte wandeln sich häufig in Geschäfte mit Vor- oder Rückprämie um. Sie haben jedoch ebenso wie diese, abgesehen von ihrer Heimat den Niederlanden, und der Berliner

Getreidebörse, einen bedeutenden Umfang im Warenterminhandel nirgends erreicht[1].

Dagegen hat eine andere, ebenfalls dem Effektenhandel entlehnte Geschäftsform an den Terminmärkten — so namentlich in Berlin für Getreide — große Ausdehnung erlangt, nämlich die „Report=" und „Deport=" oder Prolongationsgeschäfte. Diese ermöglichen es derjenigen Partei, zu deren Ungunsten sich der Markt am Erfüllungstag gewendet hat, die Entscheidung der Transaktion hinauszuschieben, wenn sie glaubt, daß sich der Preis demnächst noch zu ihrem Vorteil verändern werde, — und zwar in folgender Weise. Der Verkäufer kann, wenn der Marktpreis bei der Erfüllung höher steht als der Kontraktpreis und er seine gute Ware nicht so billig hergeben, aber auch nicht mit Verlust auf offenem Markt zur Deckung einkaufen will oder kann, die entsprechende Ware von einem Warenhändler, der große Lager hält, entlehnen, indem er sie von ihm gegen bar kauft, aber ihm sogleich auf einen nahen Termin, nächsten Monat etwa, wieder zurückverkauft zu einem um den „Deport" niedrigeren Preis; er wird also gewinnen, wenn der Markt bis dahin wirklich heruntergeht und zwar tiefer als dieser letztere Preis; der Deport = Zahlende spekuliert also auf Baisse. Umgekehrt kann der Käufer, wenn er ein weiteres Steigen erwartet und daher den empfangenen Weizen nicht gleich hergeben will, selbst aber keine Lagerräume besitzt oder kein Geld, um den Kaufpreis für jenen zu bezahlen, sich beides verschaffen, indem er die Ware einem Händler für einige Zeit „in Kost giebt", d. h. an ihn gegen bar verkauft, aber sofort auf nahen Termin zu einem etwas höheren Preis von ihm zurückkauft: diese von ihm mehr zu bezahlende Differenz heißt „Report" oder „Kostgeld"; er wird gewinnen, wenn der Preis noch höher steigt als dieser ausbedungene Rückkaufspreis; der Reportgebende spekuliert also auf Hausse. Demnach ist Deport = Warenmiete, Report = Lagermiete oder Geldmiete. In übertragenem Sinne spricht man dann von einem „Deport", wenn der Tagespreis höher ist, von einem „Report", wenn er niedriger ist als der Kontraktpreis.

„Es bildet sich im April ein Report von 4 Mark auf Mai" heißt also in der Sprache der Terminbörse einfach: der Mai=Termin steht 4 Mark höher als der April, und „der Report verwandelt sich in einen Deport" heißt dann: Mai fällt unter den April.

---

[1] An dem Hamburger Kaffeeterminmarkt bilden die Prämiengeschäfte nur etwa 4% aller Umsätze in Terminen. Vgl. die „Denkschrift der Handelskammer in Hamburg über den Kaffeeterminhandel" vom März 1889, S. 13.

Kehren wir nun noch einmal zu unserem Beispiel zurück. Wir haben bei demselben bisher nur die zwei Personen A und B gehabt und angenommen, daß A im März an B auf Junilieferung verkauft hat und daß B, wenn dieser Termin herangekommen ist, die Ware gegen Zahlung in Empfang nimmt oder die Differenz zwischen Marktpreis im Juni und Kontraktspreis verrechnet. Ein solches Geschäft steht nun aber in Wirklichkeit nicht isoliert da, sondern die Parteien desselben A und B werden, wo überhaupt größere Umsätze auf Lieferung stattfinden, zur gleichen Zeit zahlreiche andere Geschäfte in der gleichen Ware auch wohl auf den gleichen Termin schweben haben, teils zur Deckung des ersten, teils in neuen selbständigen Engagements, und ebenso auch wieder die anderen ihnen gegenüberstehenden Parteien.

Lauten nun alle diese Geschäfte — wie dies beim **Terminhandel** der Fall ist — auch auf das gleiche Quantum, die usancemäßige Kontraktseinheit, den sogenannten „Schluß", von der gleichen ebenfalls generell bestimmten Qualität, dann ist es möglich aus einer Anzahl derselben eine Kette von Geschäften und Personen herzustellen, in welcher die Zwischenglieder gleichzeitig als Käufer und Verkäufer desselben Objektes (50 Tonnen Weizen von bestimmter Qualität auf Junilieferung)[1] erscheinen. Unser schematisches Beispiel ist also dahin zu erweitern, daß B die im März von A gekauften 50 Tonnen weiter verkauft an C, dieser wieder an D und D an E, bis der Juni herankommt. Dann ist es offenbar im Interesse aller, daß nicht viermal geliefert und viermal die ganze Kaufsumme bezahlt wird, sondern daß A direkt an E, der nicht weiter verkauft hat, liefert, und die dazwischen liegenden Parteien nur die Differenzen berechnen. Während also bei den gewöhnlichen Lieferungsgeschäften entsprechend ihrer individuellen Form die Erfüllung bei jedem einzelnen getrennt erfolgen muß, ermöglicht die generelle Form der Termingeschäfte, eine Anzahl derselben behufs vereinfachter Erfüllung zusammenzufassen.

Und zwar gestaltet sich dies bei unserem Beispiel in der folgenden Weise. Nehmen wir an, A hat an B verkauft zu 185, B an C zu 183, C an D zu 184, D an E zu 181 Mark per Tonne. Ist nun der Juni herangekommen, so füllt A an einem beliebigen Tag ein Formular aus — „Kündigungszettel" oder „Andienung", fran-

---

[1] Dieser Weizen auf Junilieferung oder „Juni-Weizen" bildet förmlich eine besondere ideelle Weizensorte, deren Preis in den vorhergehenden Monaten bis zum letzten (oder drittletzten) Juni täglich ebenso notiert wird wie derjenige der verschiedenen marktgängigen Sorten von Loco-Weizen.

zösisch „filière", englisch „declaration of tender" genannt, in welchem er sich bereit erklärt, die 50 Tonnen Weizen gegen Barzahlung zu liefern und das Schiff bezw. Lagerhaus bezeichnet, wo dieselben liegen. Diesen Kündigungszettel übergiebt er dem B, und dieser giebt ihn sofort (binnen einer bestimmt vorgeschriebenen Zeit) durch Girieren weiter an C, C an D und D an E. Letzterer präsentiert ihn dem A und so kann die Lieferung direkt von A an E erfolgen. Nicht so aber die Bezahlung, da ja die Preise der einzelnen Kontrakte immer nur den zwei beteiligten Parteien bekannt sind. Diese mußte daher anfänglich, solange der Terminhandel noch nicht seine heutige feine Ausbildung erlangt hatte, ganz regulär und umständlich erfolgen, indem E dem D 181 Mark per Tonne zahlte, dieser 3 Mark darauflegte, so daß C 184 erhielt, C davon 1 Mark zurückbehielt und B 183 gab und dieser wieder 2 dazu legte, so daß A 185 erhielt. Dieser umständliche Zahlungsmodus führte aber begreiflicherweise leicht zu Weiterungen und Schwierigkeiten aller Art, und es konnte unter Umständen Wochen dauern, bis der wirklich liefernde A zu seinem Geld kam und das Geschäft damit seinen endgültigen Abschluß erreichte.

Um diesen Mißständen abzuhelfen, hat man an einigen bedeutenden Terminmärkten ein eigenes der Abwicklung der Geschäfte dienendes Institut ins Leben gerufen: das sogenannte „Waren-Clearinghouse". Dies ist eine Abrechnungsstelle, ein Bureau zur Vereinfachung der Abrechnung von Termingeschäften, und organisatorisch gewöhnlich an die betreffende Warenbörse oder den entsprechenden Börsenverein angegliedert. Das erste derartige Institut im Warenhandel wurde 1876 in Liverpool für den Baumwollterminhandel nach dem Plan eines Mr. Joseph B. Morgan begründet[1], und diesem Beispiel sind verschiedene andre Terminmärkte gefolgt.

Wo nun ein solches Clearing-Haus besteht, geben alle Parteien auf dem von A in Umlauf gesetzten Kündigungszettel ihren Kontraktspreis an, und E reicht ersteren dann bei dem Clearing-Haus ein, hier wird dann durch einfache Subtraktion der Einkaufs- und Verkaufspreise der Zwischenparteien Gewinn resp. Verlust jedes einzelnen, d. h. die von ihm zu erhaltende oder daraufzuzahlende Differenz festgestellt, und diese Differenzen werden nun von den Verlierenden an das Clearinghouse (bezw. dessen Banquier) eingezahlt und von diesem auf die Gewinnenden, gemäß den Kontraktspreisen, verteilt. In unserem Beispiel

---

[1] Vgl. meinen citierten Aufsatz im Jahrbuch, Jahrg. XIV, Heft 1, S. 118.

$$\underbrace{A \quad B}_{185} \underbrace{\quad C}_{183} \underbrace{\quad D}_{184} \underbrace{\quad E}_{181}$$

haben also B 2 Mark per Tonne und D 3 Mark einzuzahlen, und von diesen 5 Mark werden dem A 4 und dem C 1 ausbezahlt; ersterer erhält außerdem von E direkt 181 Mark, also im ganzen 185, den Preis, zu welchem er verkauft hat. Alle nur auf die effektive Lieferung Bezug habenden Schritte aber erfolgen durch Vermittlung des Clearinghouse direkt zwischen A und E, als wären diese die einzigen Kontrahenten. Eine weitere Vereinfachung wird aber dadurch erzielt, daß das Waren-Clearinghouse — wie dies schon früher im Effektenhandel sich ausgebildet hat — auch die Kassenführung für alle Termingeschäfte der beteiligten Firmen übernimmt, indem diese Depots bei demselben bezw. seinem Banquier hinterlegen, worauf ihnen ein Konto eröffnet wird, auf welchem ihre Gewinne und Verluste einfach zu- und abgeschrieben werden und das nur etwa monatlich durch Barzahlung des Saldos beglichen wird. Das Clearinghouse erhebt für seine Thätigkeit mäßige Gebühren.

So groß nun auch die Vorteile dieses Abrechnungssystems sind, so ist damit doch ein schwerwiegender Nachteil verbunden, wegen dessen man an anderen Terminbörsen seiner Einführung bis heute widerstrebt hat — daß nämlich alle an der Kette beteiligten Parteien alle Kontraktspreise erfahren. Wo nun, um dies zu vermeiden, von der Einrichtung eines Clearing-Hauses abgesehen wurde, mußte ein anderer Weg zur Vereinfachung der Abrechnung unter den Zwischenparteien gefunden werden. Als solcher hat sich nun naturgemäß der folgende dargeboten. In derselben Weise wie oben wird zunächst von den Parteien durch Girieren des Kündigungszettels eine Kette von Kontrakten hergestellt zwischen A, welcher wirklich Weizen liefern will, und E, welcher solchen wirklich empfangen will, und von letzterem der Kündigungszettel auf der an der Börse befindlichen „Kündigungs-Registratur" eingereicht bezw. angemeldet; dabei werden aber hier die Kontraktpreise auf dem Kündigungszettel nicht angegeben. Es kann daher hier auch nicht direkt durch Subtraktion des Ankaufs- und des Verkaufspreises Gewinn oder Verlust jeder einzelnen Partei, die von ihr zu zahlende oder zu bekommende Summe ermittelt, sondern zu demselben Resultat nur auf einem Umweg gelangt werden: es wird nämlich die Kette von Kontrakten wieder in ihre Bestandteile aufgelöst und jeder einzelne von diesen — ganz wie unser ursprüngliches Beispiel mit A und B — durch Begleichung der Differenz zwischen dem Kontraktspreis und dem Marktpreis am Tag der Erfüllung, d. h. der Kündigung erledigt. Zu diesem Zweck wird letzterer, der sogenannte „Kündigungspreis", täglich durch ein Mitglied der Börse, den „Kündigungsdeputierten", aus dem Durchschnitt der Geschäfte offiziell festgestellt. Wird dann von A wirklich geliefert, was auch hier direkt an E geschieht, so hat letzterer hier dafür an A diesen Kündigungspreis zu zahlen, als den Wert der Ware am Kündigungstag.

Wir gelangen also in unsrem jetzigen Beispiel, wenn wir 180 als Kündigungspreis annehmen, zu folgendem Schema:

			180		
Es ergiebt sich	A	B	C	D	E
	185	183	184	181	
aus dem Verkauf A—B	+ 5	— 5			
" " " B—C		+ 3	— 3		
" " " C—D			+ 4	— 4	
" " " D—E				+ 1	— 1
für effektive Lieferung	+ 180				— 180
	+ 185	— 2	+ 1	— 3	— 181

Das heißt: B muß an A 5 zahlen (nämlich 185—180) und erhält von C 3 (183—180), C muß an B 3 zahlen und erhält von D 4, D muß an C 4 zahlen und erhält von E 1 und E muß außerdem an A für die effektive Lieferung 180 zahlen. Das pekuniäre Ergebnis aber ist für jeden einzelnen natürlich dasselbe wie bei der Abrechnung des Clearinghouse. Mit anderen Worten, für jede Zwischenpartei ist die Differenz zwischen ihrem Einkaufs= und Verkaufspreis gleich der Summe der Differenzen zwischen Einkaufspreis und Marktpreis und zwischen Verkaufspreis und Marktpreis am Kündigungstage.

Es ist einleuchtend, wieviel umständlicher diese Form der Ab= rechnung ist, da hier jede Zwischenpartei mit der einen Hand empfängt, mit der andern giebt, aber das Geheimnis der Kontraktspreise ist gewahrt.

Den gleichen Vorteil, verbunden mit demjenigen des Clearing= Hauses, zeigt nun aber eine verbesserte Form des letzteren, wie sie im **Liverpooler Weizenhandel** zur Ausbildung gelangt ist[1]. Hier

---

[1] Vgl. Fuchs, Der englische Getreidehandel a. a. O. S. 61 ff.

werden, wenn die Parteien es wollen — denn die Benutzung dieser Einrichtung ist fakultativ — bereits die Terminkontrakte, die unterzeichneten Schlußscheine, bei dem Clearinghouse zur Registrierung eingereicht. Dadurch erfährt zwar der Sekretär des Clearinghouse, nicht aber andre Parteien alle Kontraktspreise. Ebenso wird dann auch der Kündigungszettel von dem ersten Verkäufer A, der ihn ausstellt, sogleich direkt dem Sekretär des Clearinghouse übergeben, und dieser stellt nun aus den ihm registriert vorliegenden, auf das gleiche Monat lautenden Kontrakten selbst die Kette A bis E her, indem jede Partei (B, C, D), welche in zwei registrierten Schlußscheinen, in dem einen als Käufer, in dem andern als Verkäufer, erscheint, als Zwischenpartei ausgeschieden und schließlich eine Partei E ermittelt wird, welche nicht weiter verkauft hat und somit empfangen muß. Die Lieferung zwischen A und E und die Abrechnung zwischen sämtlichen Parteien der Kette erfolgt dann ganz in derselben Weise, wie sie oben für das gewöhnliche Waren-Clearinghouse geschildert wurde.

Etwas diesem verbesserten Clearinghouse Ähnliches sind endlich die sogenannten „Waren-Liquidationskassen", sie unterscheiden sich aber von demselben dadurch, daß sie nicht nur in gleicher Weise die Abwicklung von Termingeschäften und die Abrechnung und Kassenführung bei denselben besorgen, sondern auch gleichzeitig für die Erfüllung eines jeden bei ihnen registrierten Kontraktes den beiden Parteien Garantie leisten. Ehe wir jedoch diese jüngste Organisationsform schildern, muß einer anderen Einrichtung gedacht werden, welche schon früher ebenfalls zu dem Zweck der Sicherung der Erfüllung, sowie der Einschränkung spekulativer Ausschreitungen bei dem Terminhandel sich ausgebildet und weite Verbreitung erlangt hat.

Es sind dies die sogenannten „**Ein**=" und „**Nachschüsse**" (englisch **deposits** und **margins**): sofort bei Abschluß des Terminkontrakts wird von beiden Parteien bei einer bestimmten Bank oder, wo ein Clearinghouse besteht, bei diesem eine bestimmte Summe deponiert oder eingeschossen, und weiter werden dann, während der Kontrakt schwebt, in regelmäßig wiederkehrenden Regulierungen (periodical settlements) — etwa wöchentlich oder, wo der Terminhandel am feinsten ausgebildet ist, täglich — von derjenigen Partei, zu deren Ungunsten sich der Marktpreis gewendet hat, Nachschüsse deponiert, welche der Differenz zwischen dem Kontraktspreis und dem Preis des betreffenden Termins — in unsrem Beispiel „Juni" — am Regulierungstage, d. h. dem vorläufigen Verlust der betreffenden Partei entsprechen und Garantie dafür bieten sollen, daß dieselbe seiner Zeit ihre Verbindlichkeiten erfüllen wird. Beide Einrichtungen — Einschüsse und Nachschüsse — kommen sowohl einzeln als verbunden vor, und letztere sind häufig nur fakultativ, d. h. ihre Einforderung ist in das Belieben der andren Partei gestellt.

Vereinigt und obligatorisch sind die Ein- und Nachschüsse nun bei der "Liquidationskasse", zu welcher wir uns zum Schlusse wenden. Dieses Institut hat, wie schon kurz erwähnt, die Aufgabe, den Parteien eines jeden bei demselben registrierten Termin-Kontraktes die ordnungsmäßige Erfüllung desselben zu garantieren, und es thut dies in der Form, daß es gegenüber einer jeden von beiden selbst als Gegenkontrahent auftritt[1]. Zu diesem Zweck bedarf die Liquidationskasse aber eigenen Vermögens, sie ist daher regelmäßig Aktiengesellschaft. Gleichwohl steht sie regelmäßig in gewissen organisatorischen Beziehungen zu der an dem betreffenden Platz bestehenden Terminbörse oder dem entsprechenden Börsenverein, indem sie nur Kontrakte von Mitgliedern der letzteren registriert oder dem Vorstand derselben eine Mitwirkung bei der Feststellung ihres Regulativs einräumt. Allgemein ist die Bestimmung, daß die Kasse nur Kontrakte registriert, welche ein von ihr ausdrücklich zugelassener Makler vermittelt hat, und daß diese von ihr bevollmächtigten Makler Mitglieder des betreffenden Handelsvereins sein müssen. Diese privilegierten Makler müssen dagegen auch alle Termingeschäfte, die sie vermitteln, mit der Kasse machen, sie haben aber meist[2] das Recht, an Stelle eines Kontrahenten sich selbst als Käufer oder Verkäufer aufzugeben, und sie sind dazu verpflichtet, wenn der betreffende Kontrahent nicht an dem Sitze der Kasse wohnt. Des weiteren bedarf aber die Liquidationskasse auch notwendig der Ein- und Nachschüsse, um sich dadurch ihrerseits sicher zu stellen, und sie hat daher das Recht, sobald eine Partei mit der Einzahlung derselben säumig ist, das Geschäft für diese zu schließen und sich durch "Selbsthülfekauf" oder "-verkauf", d. h. durch Einkaufen oder Verkaufen der Kontraktsquantität auf dem Markt sicher zu stellen; für die dabei sich ergebende Differenz zwischen dem erzielten Preis und dem Kontraktspreis muß die Partei der Kasse einstehen — womit es allerdings in einem solchen Fall gewöhnlich schlecht aussehen wird[3].

---

[1] Vgl. z. B. das Regulativ der Waren-Liquidationskasse, Aktiengesellschaft, in Hamburg für Termingeschäfte in Rübenrohzucker, § 1.

[2] Eine Ausnahme bildet hier nur die Magdeburger Liquidationskasse.

[3] Auf diese Weise erlitt die Hamburger Kasse 1889 einen großen Verlust; vgl. unten S. 47.

Die Registrierung oder hier richtiger „Verbuchung" eines Termingeschäftes geschieht nun hier in folgender Weise. Der Makler, welcher dasselbe vermittelt hat, erteilt beiden Kontrahenten gestempelte Schlußnoten, welche jedesmal die Kasse als Gegenkontrahentin bezeichnen. Die von den Parteien unterzeichneten Hälften dieser Schlußscheine, enthaltend u. a. den Kontraktspreis, reicht er dann der Kasse ein, wo sie in den Büchern eingetragen werden. Ist dann die Zahlung des vorgeschriebenen Einschusses seitens beider Parteien erfolgt oder sichergestellt, so übergiebt die Gesellschaft am folgenden Tage beiden für jede Kontraktseinheit ihres Geschäfts, z. B. für je 500 in dem betreffenden Kontrakte gehandelte Sack Zucker einen sogenannten Liquidationsschein (engl. „Certificate of Guarantee"), welcher den Preis, die ausbedungene Qualität und den Lieferungstermin angiebt, die Geschäftsnummer in den Büchern trägt und die Erklärung der Gesellschaft enthält, daß sie entsprechend den Bestimmungen ihres Regulativs hafte.

Da die Gesellschaft in jedem Kontrakt Gegenpartei ist, so erfolgt hier auch die Kündigung an sie, der Kündigungszettel, begleitet von dem Liquidationsschein, wird bei ihr eingereicht und von ihr irgend einem Käufer zugewiesen, welcher für den gleichen Termin nur als solcher, nicht auch als Verkäufer in ihren Büchern erscheint. Für alle Parteien aber, welche hier als Käufer und Verkäufer desselben Termins aufgeführt sind, erfolgt gegen Einlieferung der zwei sich aufhebenden Liquidationsscheine durch die Kasse die Feststellung und Verrechnung der Differenzen wie bei dem verbesserten Clearinghouse und zwar ebenfalls mittelst Führung eines Kontokorrents, welches auch die fälligen Ein- und Nachschüsse einschließt. Diese Abrechnung für die Zwischenparteien erfolgt aber hier — dies ist ein wichtiger Unterschied — sofort bei Einreichung zweier sich aufhebender Liquidationsscheine, da ja hier gar keine Kette hergestellt wird; die subsidiäre Haftung der Zwischenparteien bis zur Kündigung fällt also hinweg, ihre Geschäfte werden längst vorher „liquidiert" — daher der Name der Kasse —, allerdings unter Abzug von 6 Prozent Diskont für den Verkäufer und 3 Prozent für den Käufer, die Differenz behält die Kasse für sich.

Außerdem führt die Gesellschaft auch für jeden bei ihr privilegierten Makler ein Konto, in welchem sie ihm die Courtage für jedes von ihm vermittelte Geschäft gutschreibt, bei der monatlichen Saldierung aber für sich eine Kommission abzieht. Ein Gleiches geschieht event. auch bei der Abrechnung mit den Parteien zur Vergütung für die übernommene Kassenführung. Eine weitere Einnahme bezieht die

Gesellschaft aus den Stempelmarken der zur Benutzung vorgeschriebenen offiziellen Kontraktsformulare oder Schlußnoten.

Die ersten derartigen Liquidationskassen wurden 1882 in Havre und New York für den Terminhandel in Kaffee begründet; erstere, die „Caisse de Liquidation des affaires en marchandises au Hâvre", außerdem auch für Baumwolle, Schweineschmalz und Indigo. Nach ihrem Muster sind sämtliche übrigen seitdem entstandenen gebildet. Es sind dies[1]: die im Jahre 1887 zu Paris errichtete „Caisse de Liquidation für Weizen, Roggen, Mehl, Zucker, Spiritus, Rüb- und Leinöl und Kaffee; eine weitere aus demselben Jahre zu Marseille für Kaffee. Sodann in Deutschland die „Warenliquidationskasse" zu Hamburg, seit 11. Juni 1887 für Kaffee, 1888 auf Rüben-Rohzucker ausgedehnt, und die „Warenliquidationskasse" zu Magdeburg, gegründet 1889 für Zucker. In Belgien die „Caisse de Liquidation" zu Antwerpen, gegründet 1887 für Kaffee; in Holland die „*Rotterdamsche* Liquidatiekas" und die „*Amsterdamsche* Liquidatiekas" aus dem Jahre 1888. Endlich in England das „*London Produce Clearinghouse*" von Mincing Lane[2], gegründet am 27. Februar 1888 für Kaffee, dann auch für Zucker und seit 1889 auch für Weizen, Thee und Rohseide.

III.
Die volkswirtschaftliche Bedeutung des Warenterminhandels.

Um den richtigen Standpunkt für die Beurteilung der wirtschaftlichen Bedeutung des Warenterminhandels zu gewinnen, ist es nötig, etwas weiter auszuholen und auf die Natur des Handels überhaupt und die Geschichte seiner Entwicklung zurückzugehen. Am Anfang wirtschaftlicher Entwicklung steht bekanntlich der Tauschhandel, welcher dadurch zu stande kommt, daß zwei Personen zweierlei Güter über den eigenen Bedarf hinaus produzieren und den beiderseitigen Überschuß austauschen. Sobald diese Produktion über den eigenen Bedarf hinaus bewußt geschieht, liegt darin bereits das spekulative Grundelement alles Handels: die Berechnung einer Wahrscheinlichkeit — der Wahrscheinlichkeit, daß es möglich sein wird mit dem Überschuß andere Güter einzutauschen. Wer also über den eigenen Bedarf hinaus produziert,

---

[1] Jacobson a. a. O. S. 95.
[2] Vgl. meinen citierten Aufsatz in Conrads Jahrbüchern 1890 Heft 1: Der englische Getreidehandel u. s. w. S. 54 ff.

unterzieht sich damit einem doppelten Risiko: einmal — wir haben es zunächst nur mit der Erzeugung von Bodenfrüchten zu thun — dem, daß die Ernte mißrät, was von dem unberechenbaren Faktor der Witterung abhängt, und dann der Gefahr, daß es ihm vielleicht nicht gelingt, den Überschuß in der beabsichtigten Weise zum Austausch zu verwerten. Man hat beides nicht unpassend als „Erzeugungsgefahr" und „Verwertungsgefahr" unterschieden. In primitiven wirtschaftlichen Verhältnissen, solange noch kein eigener Handelsstand existiert, trägt also der Produzent beides, der Produzent ist auch gleichzeitig Händler[1].

Mit zunehmender Arbeitsteilung und Entwicklung der Geldwirtschaft aber bildet sich zwischen den zwei Produzenten ein Mittelglied, welches anfangs sie nur als Vermittler zusammenbringt, bald aber selbständig dazwischentritt, dem einen seinen Produktionsüberschuß abkauft und ihn an einen anderen, welcher dafür Bedarf hat, wiederverkauft. Es entsteht ein eigener Handelsstand, welcher das vorhin so genannte „Verwertungsrisiko" gewerbsmäßig übernimmt und so den Produzenten davon befreit; sobald die Ware erzeugt ist, wird sie ihm von dem Händler abgenommen und von diesem dahin gebracht, wo man sie bedarf. Der Handel hat also die volkswirtschaftliche Funktion, die produzierten Güter — zunächst dem Raume nach — zu verteilen und hängt von Anfang an mit dem Gütertransport eng zusammen.

Allein diese Verteilung ist nicht immer gleich durchzuführen, der Händler muß die vom Produzenten erworbene Ware oft längere Zeit behalten, bis er sie mit Gewinn wieder veräußern kann, weil augenblicklich kein genügender Bedarf dafür besteht; umgekehrt kann ein solcher plötzlich an ihn herantreten, wenn er nicht im stande ist, von dem Produzenten schon neue Ware zu bekommen. Er muß also ein Lager der betreffenden Ware halten. Dadurch erweitert sich die Funktion des Handels zu einer Verteilung der Güter nicht nur dem Raume, sondern auch der Zeit nach: wie er den Bedarf des einen Ortes mit dem Überschuß eines anderen deckt, so auch mit dem Überschuß eines Jahres den Bedarf eines anderen. Dies wurde insbesondere wiederum bei den Bodenprodukten zum Bedürfnis, wo infolge der Witterung die Produktion von Jahr zu Jahr oft eine außerordentlich ungleiche ist, wo ferner nicht das ganze Jahr hindurch, sondern nur einmal in demselben fertige Produkte erzeugt werden und die Produktion nicht

---

[1] Vgl. die Broschüre: „Der Terminhandel" (Separatabdruck aus der Hamburger Börsenhalle 1889) Abschnitt I.

leicht und schnell vermehrbar, andrerseits der Bedarf das ganze Jahr hindurch ziemlich gleichmäßig und wegen der Unentbehrlichkeit der betreffenden Ware auch nicht wesentlich einschränkbar ist — hier hat also der Handel ganz besonders die Aufgabe, die Erzeugnisse der alten und der neuen Ernte über das ganze Jahr hin ziemlich gleichmäßig zu verteilen. Diesem Zweck dienten in früheren Zeiten u. a. die staatlichen und städtischen Getreidemagazine, die man allenthalben errichtete. Allein das Halten großer Lager ist mit hohen Kosten an Lagermiete und Zinsverlust und der Gefahr des Verderbens der Ware verknüpft.

Es bedeutete daher einen großen Fortschritt in der Entwicklung des Handels, als sich für die Verteilung der Güter der Zeit nach die Form der Lieferungsgeschäfte ausbildete. Wir verstehen darunter hier im weiteren Sinn ebenso die verschiedenen Geschäftsformen des Handels in schwimmenden Ladungen — die Geschäfte „auf Ankunft", „schwimmend", und „auf Verschiffung" — wie die eigentlichen „Lieferungs- oder Zeitgeschäfte", d. h. alle jene Geschäfte, bei welchen die Erfüllung, die Lieferung der Ware, in die Zukunft fällt. Die ersteren werden gewöhnlich in schon vorhandener Ware abgeschlossen, die letzteren dagegen meist in noch nicht fertig vorhandener, die erst von der nächsten Ernte zu erwarten ist und die sich der Produzent so, wie sie ausfällt, oder zu einer vereinbarten Mindestqualität für einen bestimmten Preis auf einen bestimmten künftigen Zeitpunkt zu liefern verpflichtet. Dadurch sichert sich also der Händler für einen künftigen Zeitpunkt, wo er einen Bedarf dafür erwartet, den Bezug der Ware zu dem gegenwärtigen günstigen Preis und nimmt so dem Produzenten auch die Verwertungsgefahr für die künftige Produktion, beispielsweise für die noch auf dem Feld stehende Ernte ab, wogegen letzterer allerdings darauf verzichtet, möglicherweise in der Zukunft einen höheren Preis dafür zu erhalten; letzterer hat also von nun an nur noch die sogenannte „Erzeugungsgefahr" zu tragen.

Soll nun aber der Händler diese gesamte Verwertungsgefahr, mit anderen Worten das Risiko eines Preisniederganges bis zu dem künftigen Zeitpunkt, wo er die Ware erhält — und mit der Zunahme überseeischer Geschäfte wurde dies bei den noch mangelhaften Transportmitteln immer größer — allein tragen oder besteht auch für ihn die Möglichkeit, dasselbe weiterzuwälzen, etwa auf den Konsumenten? Teilweise ist letzteres der Fall. Überall da, wo es mehr auf Stetigkeit als größte Billigkeit des Bezugs einer Ware ankommt, also insbesondere bei den Rohstoffen zu ununterbrochener gewerblicher Thätigkeit, wird der Konsument diese vielfach von dem Händler auf Lieferung kaufen und ihm so das Verwertungsrisiko abnehmen; für ihn selbst aber ist es kein solches mehr, da er ja die Ware nicht weiter veräußern, sondern konsumieren will, er verliert dadurch nur die Chance, an dem künftigen Zeitpunkte die gleiche Ware vielleicht billiger kaufen zu können. Solche Lieferungsgeschäfte zwischen Händler und Konsumenten finden wir daher insbesondere da, wo zwischen beiden ein festes Kundschaftsverhältnis besteht[1]. Allein dies ist doch nur in beschränktem Umfang der Fall. Sehen wir daher hievon ab, so kommt es weiterhin darauf an, ob ein Händler allein oder eine ganze Anzahl von solchen zwischen Produzenten und Konsumenten einer Ware steht: wo diese auf ihrem Weg von ersterem zu letzterem durch zahlreiche Hände geht, entweder an ein und demselben Platz, der ein großer Markt ist, oder an verschiedenen Plätzen, wie Seehafen und Binnenplatz 2c., da kann sich das Risiko allerdings auf diese verschiedenen Händler verteilen, aber auf ihnen als Gesamtheit bleibt es doch liegen.

In dem Maße, als nun die jüngste Entwickelung dahin gewirkt hat, einerseits die Klassen und die Zahl der zwischen Produzent und Konsument stehenden Mittelspersonen zu vermindern und andrerseits die Bedeutung fester Kundschaftsverhältnisse zu verringern, wozu noch eine längere Periode sinkender Preise kam, wuchs für den Händler das Bedürfnis, auch seinerseits das Risiko eines Preisniedergangs abstoßen, sich gegen die „Verwertungsgefahr" versichern zu können. Der Weg dazu war die Heranziehung der Kapitalisten zum Warenhandel und die Form dafür das Termingeschäft mit seinen einheitlichen Bedingungen, Regulativen, Standardmustern, Kontraktseinheiten 2c.

Diese specielle Form des Termingeschäftes ist also nicht nur zur Erleichterung des effektiven Handels geschaffen, sondern sie dient im letzten Grunde gerade dazu, dem Kapitalisten oder Spekulanten, d. h. dem Besitzer von zur Zeit anderweitig ungebundenem Kapital die Möglichkeit zu geben, dies vorübergehend (oder dauernd) in der betreffenden Warenbranche anzulegen, auch wenn ihm Kenntnis der Ware und der äußeren Technik dieses Handelszweiges fehlt. Dieser Kapitalist, welcher sein ungebundenes Kapital z. B. in Getreide anlegt — „in Getreide spekuliert", wie es genannt wird — unterscheidet sich also von dem Getreidehändler prinzipiell durch das Motiv seiner Thätigkeit: letzterer will Getreide und zwar eine individuelle Partie davon wirklich umsetzen,

---

[1] Vgl. Gustav Cohn, Zeitgeschäfte und Differenzgeschäfte, in Hildebrands Jahrb. f. Nat. u. Stat. 1866. VII 381.

besorgt daher eventuell auch Transport, Umladung, Lagerung desselben, um durch den Unterschied zwischen Einkaufs- und Verkaufspreis Gewinn zu machen; jener dagegen will nur aus den **Preisschwankungen**, wie sie gelegentlich des **generellen Umsatzes** von Getreide überhaupt eintreten, Gewinn ziehen, er **beabsichtigt** daher regelmäßig nur ein solches „Differenzgeschäft", wie wir es oben kennen gelernt haben. Aber dies tritt, wie dort auch bereits betont, in der Form nicht erkennbar zu Tage, das Differenzgeschäft ebenso wie der Terminhandel hängt vielmehr organisch mit dem sogenannten Effektivgeschäft zusammen, und der Nutzen, welchen letzteres daraus zieht, ist nun eben der, daß dadurch der Händler die Möglichkeit erlangt, nun auch seinerseits das Verwertungsrisiko abzustoßen — allerdings, ebenso wie früher der Produzent, nur gegen Verzicht auf günstigere Chancen. Die Art und Weise, wie dies geschieht, ist zwar schon bei einer anderen Gelegenheit in diesem Jahrbuch an einem Beispiel von uns gezeigt worden[1], muß aber hier um des Zusammenhanges willen wiederholt werden.

Nehmen wir an, ein Getreideimporteur in London kauft im Januar, da ihm der augenblickliche Preis in Indien im Verhältnis zu dem in London einen billigen Geschäftsgewinn verspricht, 100 Tonnen indischen Weizen, welcher per Dampfer via Suezkanal in durchschnittlich 45 Tagen, also jedenfalls im März in London eintreffen wird, und verkauft sodann gleichzeitig oder kurz darauf auf der Terminbörse in London 100 Tonnen Terminweizen auf Märzlieferung, sagen wir der Vereinfachung halber, zu demselben Preis. Kommt nun der Monat März heran und sind, wenn der Dampfer eintrifft, die Preise in London inzwischen gesunken, so kann der Importeur entweder den Terminverkauf durch seine effektive Ware erfüllen, d. h. wirklich liefern und erhält dann doch wenigstens den Preis, auf welchen seine Kalkulation basiert war. Oder er will den angekommenen Weizen lieber auf Lager nehmen, weil derselbe von sehr guter Qualität ist und weil er auf ein Wiederanziehen der Preise in der nächsten Zeit rechnet, dann kann er nun an der Terminbörse im März 100 Tonnen Terminweizen auf den laufenden Monat zu dem ebenfalls gesunkenen Tageskurs[2] einkaufen und damit seinen Terminverkauf decken, welcher dann, wenn der Käufer nicht auf Lieferung besteht, durch Differenzzahlung erledigt werden wird; er gewinnt also hier die entsprechende Differenz. Sind dagegen die Preise in der Zwischenzeit gestiegen, so wird er seine Ware

---

[1] Band XIV Heft 1 S. 116.
[2] Vgl. unten S. 29.

nicht zur Terminlieferung verwenden, sondern sie mit größerem als dem kalkulierten Nutzen anderweitig verkaufen können; aber er wird diesen Extragewinn zum größten Teil dadurch wieder einbüßen, daß er nun zu dem höheren Tageskurs auf dem Terminmarkt sich decken muß. Er erzielt also durch dieses mit seinem effektiven Geschäft verbundene Termingeschäft in beiden Fällen in der Hauptsache dasselbe Resultat, wie wenn sich die Preise seit dem Abschluß des ersteren nicht geändert hätten. Er hat sich vor außerordentlichen Verlusten dadurch geschützt, dafür aber auch die Möglichkeit außerordentlicher Gewinste eingebüßt.

Diese Risikoversicherung, welche das Termingeschäft dem Effektivhandel gewährt, erfolgt nun, wie man mutatis mutandis — denn eine wirkliche mathematisch genaue Versicherung ist es natürlich nicht — wohl sagen kann, wie alle Versicherung, auf dem doppelten Weg der Versicherung auf Gegenseitigkeit und als selbständiger Handelszweig. Die von der Gefahr eines Preisrückganges bedrohten Händler nehmen sich diese teils gegenseitig ab, insofern sie selbst in Terminen spekulieren, teils wird sie ihnen von anderen abgenommen, welche grade auf die Preisschwankungen spekulieren, gegen die jene sich sichern wollen[1].

Allein diese Risikoversicherung oder -verminderung, wie sie im ersteren Fall nur genannt werden kann, ist doch nur eine Seite des Terminhandels. Durch die Teilnahme der Kapitalisten am Warenhandel, welche dieser ermöglicht, hat auch die sogenannte „Arbitrage" hier großen Umfang angenommen. Bedeutet „Spekulation" im engeren Sinn die Ausnützung der Preisschwankungen zwischen verschiedenen Zeiten, so heißt „Arbitrage" die Ausnutzung von solchen zwischen verschiedenen Orten. Erst durch die Form der Termingeschäfte, in Verbindung mit der Entwicklung der modernen Verkehrsmittel, namentlich des Telegraphen, ist die Möglichkeit geschaffen worden, sofort, wenn ein anderer Markt für dieselbe Ware etwas niedriger steht, dort zu kaufen, oder, wenn er höher steht, dort zu verkaufen — ohne daß in den meisten Fällen ein wirklicher Transport der Ware notwendig wird. Indem diese Operationen solange fortgesetzt werden, als sie einen Gewinn ergeben, d. h. als die Preisdifferenz zweier Orte höher ist wie die eventuellen Transport- und anderen Unkosten, werden die beiden Orte einander schließlich im Preis so nahe gebracht, als dies nach ihrer verschiedenen Lage zum Produktionsland oder Zwischenmarkt möglich ist.

---
[1] Vgl. E. T., Der Kreuzzug wider den Terminhandel S. 52.

Der Terminhandel hat also erst die letzten Konsequenzen der modernen Verkehrsverhältnisse gezogen, in ihm gelangt erst die Aufgabe des Handels, die wir als Güterverteilung dem Raum und der Zeit nach bezeichneten, zu ihrer vollkommensten Erfüllung.

Dieser geschilderten Entwickelung und Natur des Warenterminhandels entspricht nun auch das Gebiet, auf welchem sich derselbe bisher entwickelt hat und sich überhaupt seinem Wesen nach entwickeln kann. Es sind nämlich hauptsächlich **Rohprodukte** und zwar speciell **Bodenprodukte**. Die Eigentümlichkeiten, welche diese von der Menge der Fabrikate und einigen anderen Rohprodukten unterscheiden und für diese Entwicklung besonders geeignet machen, sind: der Bedarf, die Nachfrage ist stetig und dringend, im Fall eines Überschusses der Produktion nur wenig zu steigern, im Fall eines Mangels nur wenig einzuschränken, und die Produktion, soweit sie überhaupt von der Thätigkeit des Produzenten abhängt, wird einmal, höchstens zweimal im Jahr durch den Umfang des Anbaus bestimmt, ist daher bei Überschuß oder Mangel auch nicht sofort, sondern nur langsam durch vermehrten oder verminderten Anbau zu verändern; zu einem großen Teil und während einer langen Periode ist sie jedoch abhängig von einem menschlicher Einwirkung entzogenen, elementaren Faktor, der Witterung, also einem unberechenbaren Moment des Zufalls; aber dies kann durch sehr genaue Nachrichten über den Stand der Ernte in Wahrscheinlichkeit verwandelt werden, und die Ungewißheit wird dann an einem bestimmten, annähernd zu berechnenden Zeitpunkt, der Ernte, entschieden, — alle diese verschiedenen Momente in ihrem Zusammentreffen begünstigen einerseits die Abwälzung der Verwertungsgefahr vom Produzenten auf den Händler im Lieferungshandel, andrerseits aber auch die Anteilnahme der Kapitalisten oder Spekulanten im Terminhandel.

Demgemäß finden wir den Terminhandel besonders in den wichtigsten **Nahrungs- und Genußmitteln**: den Brotstoffen, Getreide und Mehl, den sogenannten Kolonialwaren Kaffee, Thee u. a., dann in den ebenso wichtigen hauptsächlichen **Rohstoffen der Fabrikation**, wie Baumwolle, Rohseide ꝛc., daneben aber auch in einigen aus Bodenprodukten hergestellten **Halbfabrikaten**, wie Roh-Spiritus und Rüben-Rohzucker.

Allein auch bei diesen ihrem Wesen nach für den Terminhandel geeigneten Waren sind noch eine Reihe von — man möchte sagen lokalen — Voraussetzungen zu erfüllen, wenn sich ein Terminhandel darin entwickeln soll: die betreffende Ware muß in großem Stil und auf größeren Strecken gleichmäßigen Bodens produziert werden, so daß große Mengen derselben in der Qualität einheitlich auszufallen pflegen und dadurch eine genügend breite Basis für den Terminhandel abgeben, d. h. es eignen sich dazu nur Waren, welche mehr oder weniger die Eigenschaft der Fungibilität besitzen, bei welchen die Individualität zurücktritt; es müssen ferner geeignete Einrichtungen bestehen, die jeweilige Ernte nach feststehenden Gesichtspunkten in allgemein anerkannte „Grade" klassifizieren und sie in großen Mengen lose lagern und transportieren zu können; und endlich muß der Markt, wo sich ein Terminhandel entwickeln soll, Stapelplatz für eine solche in großen Mengen produzierte Qualität sein, wo regelmäßig große Vorräte davon sich ansammeln, und muß andrerseits ein Platz von bedeutender eigener Kapitalkraft sein, wo häufig in anderen Handelszweigen Kapital zeitweise überschüssig wird.

Nach allen diesen Gesichtspunkten ist es nun kein Zufall, daß der Warenterminhandel nirgends solche Dimensionen angenommen hat wie im Weizenhandel der Vereinigten Staaten von Nordamerika: letztere sind das größte Weizenexportland der Welt, das in seinen hauptsächlichsten Weizenprovinzen des Westens sehr gleichmäßigen Boden hat, der sich förmlich in einen „Winterweizen-Gürtel" (winter belt) und einen „Sommerweizen-Gürtel" (spring belt) scheiden läßt; zugleich bestehen hier die vollkommensten Einrichtungen zur Gradierung und massenhaften Lagerung des Weizens in den sogenannten Elevatoren, wie sie an allen Bahnstationen bestehen, während eine Anzahl von bedeutenden Handelsstädten, in erster Linie Chicago und New York, die Sammelpunkte dieser großartigen Produktion bilden[1].

Auf der geschilderten Entwicklung und doppelten Natur des Warenterminhandels beruhen nun auch die wirtschaftlichen Vorteile, welche sich an denselben knüpfen: es sind nämlich einmal solche, welche sich für den effektiven Warenhandel, und zweitens solche, welche sich für die Allgemeinheit daraus ergeben.

Zu ersteren gehört zunächst die **Möglichkeit der Risikoversicherung**, welche der Terminhandel in der geschilderten Weise dem Effektivhändler gewährt. Es gehört ferner hieher die starke **marktbildende Kraft**, welche der Terminhandel besitzt, indem er eben durch diese dem Effektivhandel gebotene Erleichterung diesen mehr und mehr nach solchen Märkten zieht, wo jener stark ausgebildet ist. Denn

---

[1] Vgl. Sering, Landwirtschaftliche Konkurrenz Nordamerikas in Gegenwart und Zukunft. 1887. S. 498 ff.

die Möglichkeit, sein Risiko auf einem heimischen Terminmarkt decken zu können, giebt dem betreffenden Importeur einen bedeutenden Vorteil gegenüber solchen, welche dies nicht können, und auch der Kommissionär, welcher Lager von einer Ware hält, hat Nutzen davon, indem er sich gegen einen Preisrückgang rechtzeitig durch Verkauf auf Termin schützen und im umgekehrten Fall durch Einkauf auf Termin seinen Bedarf für längere Zeit sichern kann. So ist es gekommen, daß in der jüngsten Zeit, wenn ein großer Markt eines Handelszweiges zum Terminhandel übergegangen war, auch andere notwendig folgen mußten, wollten sie nicht das ganze Importgeschäft an jenen verlieren.

Ein charakteristisches Beispiel dafür bietet die Stellung von Havre und Hamburg im Kaffeehandel vor und nach Einführung des Terminhandels[1].

Als allgemeiner volkswirtschaftlicher Nutzen des Terminhandels aber ergiebt sich aus seinem Wesen eine zunehmende **Ausgleichung und Nivellierung der Preise** sowohl dem Ort nach zwischen den verschiedenen Märkten als der Zeit nach zwischen Gegenwart und Zukunft. In letzterer Hinsicht insbesondere zeigen sich — wenn wir von den Auswüchsen des Terminhandels zunächst absehen — **zwar häufigere aber kleinere Schwankungen der Preise**. Der Grund davon liegt in der Vermehrung der Umsätze, welche die Teilnahme der Kapitalisten am Warenhandel hervorruft: je größer aber der Kreis der Käufer und Verkäufer einer Ware ist, desto häufiger, aber gleichzeitig desto geringer werden die Schwankungen im Preis derselben. Die kleinen täglichen Fluktuationen treten an die Stelle der großen langandauernden Konjunkturen[2]. Wenn das Angebot einer Ware die Nachfrage übersteigt, so verringert der Terminhandel den Preisrückgang, indem er auf später hinaus kauft, Lagerbestände übernimmt und dadurch dem Kapital eine einfache und sichere Anlage gewährt. Wenn dagegen die Nachfrage größer ist, hindert er ein übermäßiges Steigen der Preise, indem er zwischen die zu hohe Preise fordernden Eigner von Ware und die ängstlich gewordenen Konsumhändler mit Blancoofferten tritt.

Eine weitere Wirkung des Terminhandels ist nun, daß **er die Abhängigkeit der Inlandpreise vom Weltmarkt steigert**[3]. Er thut dies insbesondere dadurch, daß er von der Lage des betreffenden

---

[1] Vgl. die erwähnte Denkschrift der Hamburger Handelskammer S. 3, 4 und 8.

[2] Vgl. die Broschüre „Der Terminhandel" Abschn. I.

[3] Vgl. E. T., Der Kreuzzug wider den Terminhandel S. 48.

Marktes ein viel genaueres Bild gewährt, als man es von Märkten ohne Terminhandel erhalten kann, da im ersteren Fall die täglichen Marktberichte nicht nur den augenblicklichen Wert der Ware angeben, sondern in den verschiedenen Terminnotierungen zugleich auch ihren vermuteten künftigen und also jede Veränderung in der Meinung des dortigen Marktes über die künftige Preisgestaltung ziffermäßig faßbar erkennen lassen. Der Unterschied zwischen zwei Marktberichten wie „London, Weizen 1 s. niedriger, flau" und „New York, Weizen loko 90 c., Juni 89$^{1}/_{2}$, Juli 89$^{1}/_{4}$, August 89, September 87, Dezember 88$^{3}/_{4}$" springt in die Augen.

Durch diese regelmäßigen Terminnotierungen, welche durch Telegraph und Kabel mit größter Schnelligkeit verbreitet und durch die Zeitungen allen zugänglich gemacht werden, erfahren also einmal alle Produzenten und Konsumenten der ganzen Welt täglich, wie man auf den wichtigsten Weltmärkten über die künftige Gestaltung von Angebot und Nachfrage denkt; es werden ferner alle Käufer und Verkäufer dadurch veranlaßt, in der Festsetzung ihres Preises sich nach jenen zu richten, und zugleich erhalten sie damit die Möglichkeit einer Kontrolle über ihre Kommissionäre an jenen Märkten.

Bei alledem wurde indes bisher stillschweigend vorausgesetzt, daß wie natürlich die Terminpreise von den Preisen der Loko=Ware, so auch umgekehrt diese von jenen fortwährend beeinflußt werden, so daß sie sich im allgemeinen in parallelen Linien bewegen. Allein dieser Zusammenhang ist im einzelnen ebensowenig genau nachzuweisen als der theoretische Unterschied zwischen Termingeschäften und Effektivgeschäften, und eben auf diesem Zusammenhang — daß es bis zur Lieferung äußerlich nicht erkennbar ist, ob das Geschäft als „effektives" oder als „Differenzgeschäft" endigen wird — beruht jener zum einen Teil; zum anderen Teil aber auf der Meinung über den künftigen Preis, welche aus den Terminnotierungen spricht. Nur wo ein ausgebildetes Report= und Deportgeschäft besteht, ist der Einfluß der Terminpreise auf die Lokopreise genauer zu verfolgen, weil er hier durch jenes vermittelt wird; dies ist in dem großen preistheoretischen Werke von Auspitz und Lieben[1] sehr gut folgendermaßen dargelegt:

„Wenn durch das Auftreten vieler Terminhändler — Haussiers — der Terminkurs wesentlich über den Marktpreis für prompte Ware steigt, so wird auch dieser der steigenden Bewegung folgen müssen.

---

[1] Rud. Auspitz und Rich. Lieben, Untersuchungen über die Theorie des Preises. Leipzig 1889. § 63.

Diese Wirkung beruht auf dem Eingreifen von Personen, die gar nicht spekulieren wollen, welche aber in der Lage sind, sobald der Terminkurs entsprechend höher als der Marktpreis ist, prompte Ware zu kaufen und gleichzeitig dasselbe Quantum Terminware zu verkaufen. Diese Personen treten ohne jegliches spekulative Risiko — als Verwahrer der prompten Ware und dadurch zugleich auch als Produzent nächstjähriger Ware, das ist als R e p o r t e u r e — auf, um ihre disponiblen Lagerräume auszunützen und mit ihren Kapitalien besseren Zins zu machen. Wir sehen also, daß jede Erhöhung des Terminkurses eine gesteigerte Nachfrage der Reporteure nach prompter Ware und daher eine Erhöhung auch des Marktpreises zur Folge haben muß. Dadurch wird die Spannung zwischen den gleichzeitig möglichen Preisen der prompten Ware und der Terminware — der Report — innerhalb gewisser Grenzen gehalten.... Ebenso wird umgekehrt, wenn ein oder mehrere Spekulanten, die einen niedrigen künftigen Preis erwarten, als Verkäufer von Terminware, als Baissiers auftreten, dadurch nicht nur der Terminkurs gedrückt werden, sondern auch ein Rückgang des Preises für prompte Ware erfolgen. Dies geschieht durch das Eingreifen von Personen, welche effektive Vorräte halten und daher bei einem entsprechend niedrigen Terminpreis in der Lage sind prompte Ware zu verkaufen und gleichzeitig dasselbe Quantum auf spätere Lieferung zurückzukaufen; sie ersparen dadurch die Kosten und das Risiko der Aufbewahrung und genießen überdies, wenn der Terminpreis niedriger ist als der Preis für prompte Ware, auch noch eine Leihgebühr — den D e p o r t. Durch das Auftreten dieser Personen, der Darleiher effektiver Ware oder Deporteure, wird also der Preisrückgang von der Terminware auf die effektive Ware übertragen, und die in das nächste Jahr übergehenden Vorräte werden reduziert."

„Aus alledem erhellt, daß nicht nur der Vorrathändler, sondern durch das Eingreifen der Reporteure und Deporteure auch derjenige, der auf ein Zeitgeschäft eingeht, dadurch den gegenwärtigen Marktpreis des betreffenden Artikels sowie die Größe der in das nächste Jahr übergehenden Vorräte beeinflußt. Nun wirkt aber, wie schon erwähnt, die Spekulation durch die Regelung des Vorratstandes dahin, die erwartete Abweichung des künftigen Marktpreises von dem gegenwärtigen abzuschwächen. Durch die geschilderte Einwirkung der Terminhändler auf den gegenwärtigen und den künftigen Marktpreis werden also die Preisschwankungen gemildert, i n s o f e r n   s i c h   d i e   S p e k u l a t i o n b e i   i h r e r   A b w i c k e l u n g   a l s   r i c h t i g   u n d   s o m i t   a u c h   g e w i n n b r i n g e n d   e r w e i s t, während die verfehlte Spekulation auch der Gesamtheit schadet[1]. Übrigens können, namentlich wenn die Möglichkeit geboten ist, auch in der Zwischenzeit zwischen dem Abschluß des Geschäftes und dessen Abwicklung auf Grund veränderter Ansichten Deckungsoperationen vorzunehmen, Spekulanten, Reporteure und Vorratshändler oft auch gegen ihre ursprüngliche Absicht ihre Rollen vertauschen. Es ist überhaupt nicht möglich eine feste Grenze zwischen der Spekulation und dem sogenannten reellen Geschäft zu ziehen, da sich im allgemeinen nicht einmal entscheiden läßt, ob jemand spekuliert, wenn er einen künftigen Bedarf durch ein Zeitgeschäft deckt oder wenn er das Risiko auf sich nimmt, zum jeweiligen Marktpreis prompt zu kaufen."

Wenden wir uns nunmehr von den allgemeinen und besonderen Vorteilen des Warenterminhandels zu den damit verknüpften Nachteilen, so ist vor allem noch einmal ausdrücklich zu betonen, daß die ersteren, wie wir sie im vorausgehenden geschildert haben, aus dem Wesen des Terminhandels sich ergaben, etwas dem Terminhandel als solchem Eigentümliches sind ohne Rücksicht auf die jeweilige konkrete Organisation, welche derselbe da oder dort gefunden hat. Es wird nun auch bei den Nachteilen besonders zu untersuchen sein, ob von ihnen das Gleiche gilt oder ob sie nur in der bisherigen mangelhaften Organisation des Terminhandels an dem betreffenden Ort begründet sind, wie man auf sie zunächst durch ihr konkretes Auftreten in diesem oder jenem Falle aufmerksam geworden ist.

Wie der Warenterminhandel überhaupt, so finden sich auch seine Auswüchse am stärksten ausgebildet in der **nordamerikanischen Volkswirtschaft**. Wir finden hier nämlich zunächst **eine maßlose Ausdehnung der Termingeschäfte gegenüber den Geschäften in prompter Ware**.

Nach einer von Stevens[2] beigebrachten Statistik betrugen im ersten Halbjahr 1889:

	die Lokoumsätze (spot sales)	die Terminumsätze (futures)
in New York	48 836 000 Bushel	867 594 000 Bushel
= St. Louis	5 675 000 =	134 720 000 =
	54 511 000 Bushel	1 002 314 000 Bushel.

---

[1] Die Richtigkeit der Spekulation ist also von größter Bedeutung. In dieser Beziehung zeigt sich ein bemerkenswerter Fortschritt im Berliner Roggenhandel in dem Zeitraum 1850—70: vgl. Cohn in der Zeitschr. d. Kgl. Preuß. Stat. Bureaus. 1868. S. 20 ff. und in Hildebr. Jahrb. Bd. XVI. 1871. S. 582 ff.

[2] Albert C. Stevens, „Futures in the Wheat Market", im Quarterly Journal of Economics, Oktober 1887.

Rechnet man dazu den Terminhandel von Chicago, Toledo und Duluth, so dürften sich zusammen über 2 000 000 000 Bushel, also mehr wie die gesamte Weizenproduktion der Welt im Jahre 1886 ergeben [1]. Ein ähnliches Verhältnis zeigen auch gegenwärtig die täglichen Reutertelegramme aus New York. Am 24. November 1888 fand sich darin sogar folgende Angabe: „Sales, futures 5 192 000 bush., spot 0." Leider besitzen wir von den amerikanischen Getreidemärkten keine Statistik darüber, wieviel von diesen Terminverkäufen durch effektive Lieferung erfüllt wurden, und wieviel durch bloße Differenzzahlung — der Unterschied würde höchst wahrscheinlich noch größer sein [2].

Nun ist zur Erklärung dieser außerordentlichen Höhe der Terminumsätze an den nordamerikanischen Weizenmärkten allerdings zu bemerken, daß letztere auch von englischen, französischen und deutschen Importeuren häufig zur Deckung ihrer schwebenden Importgeschäfte benützt werden. Allein trotzdem ist die Argumentation richtig, daß diese Ziffern der Terminumsätze nicht durch die Effektivhändler in Getreide allein erreicht werden könnten, daß sie vielmehr auf eine starke Anteilnahme von Spekulanten engeren Sinnes, Kapitalisten, die am Getreidehandel selbst durchaus nicht beteiligt sind, deuten — und gerade **diese Heranziehung des ungebundenen Kapitals, der außerhalb des betreffenden Handelszweiges stehenden Kapitalisten** ist es nun, welche dem Terminhandel in erster Linie und zwar auch von solchen zum Vorwurf gemacht wird, die sonst seine Berechtigung und Bedeutung für den Effektivhandel anerkennen. Man hat zu diesem Zweck die Unterscheidung von „**legitimem**" und „**illegitimem**" Handel aufgebracht, indem man unter letzterem diese Beteiligung des nicht mit effektiver Ware handelnden Kapitalisten an dem Warenhandel verstehen will.

Diese engherzige Auffassung ist aber — wie im vorhergehenden gezeigt wurde — eine vollständige Verkennung des Wesens und letzten Zweckes des Warenterminhandels. Nur durch diese Teilnahme der Kapitalisten oder Spekulanten kann der Terminhandel dem Effektivhandel jene Dienste leisten, die er ihm anerkanntermaßen leistet. Auch

---

[1] Im Kaffeeterminhandel wurden im Jahr 1888 in Hamburg 16 486 000 Sack, in Havre 13 850 000 und in Antwerpen 3 216 500 Sack, also an den drei bedeutendsten Terminbörsen zusammen 33 552 500 Sack Santoskaffee gehandelt, während die Santos-Ernte nur 3 500 000 Sack betrug. (Sonndorfer, Technik des Welthandels S. 321.)

[2] Dagegen ermöglichen die Jahresberichte der Waren-Liquidationskasse zu Hamburg über das betreffende Verhältnis im dortigen Kaffeeterminhandel eine Statistik, vgl. unten S. 47.

ist absolut nicht abzusehen, warum diese Teilnahme des Kapitalisten am Warenhandel illegitim, der dabei von ihm erzielte Gewinn unmoralisch sein soll. Derjenige, welcher — zwar ohne Kenntnis der Ware selbst und ohne Vorräte davon zu halten, ja auch ohne die Absicht, effektive Ware zu liefern oder zu empfangen — aber mit genauer Kenntnis des betreffenden Marktes — denn eben diese veranlaßt ihn ja dazu — sein Kapital in Getreidetermingeschäften anlegt und nun infolgedessen die Verhältnisse von Angebot und Nachfrage in allen Produktions= und Bedarfsländern, die Aussichten der neuen Ernte, die schwimmenden Vorräte ꝛc. genau verfolgt und danach kauft oder verkauft, verrichtet eine dem betreffenden Warenhandel zu Nutzen kommende geistige Arbeit, für die er, wenn er richtig kalkuliert hat, den verdienten Gewinn erntet.

Das ungebundene Kapital vom Terminhandel ausschließen hieße — wie man richtig bemerkt hat — „ein Haus vergrößern und die gewonnenen Räume zusperren".

Nicht der Kapitalist oder Spekulant, der in dieser Weise auf Grund sorgfältiger kaufmännischer Berechnungen am Warenhandel teilnimmt, schädigt diesen — was ihn in Wirklichkeit stört und den Terminhandel diskreditiert, das ist die Teilnahme des Börsenspielers oder „Jobbers"[1]. Im Gegensatz zu jenem kümmert sich dieser nichts um die statistische Lage des betreffenden Artikels, sondern schließt aufs Geratewohl Termingeschäfte darin ab — nicht weil er eine Steigerung oder einen Rückgang der Preise erwartet, sondern lediglich in Rechnung auf die voraussichtlichen Schwankungen der Preise, aus denen er, wenn er Glück hat, zu gewinnen hofft, er basiert seine Operationen also nicht wie jener auf eine Wahrscheinlichkeit, sondern auf den Zufall. Infolgedessen überläßt er sich auch widerstandslos jeder Schwankung des Marktes, wechselt fortwährend seinen Standpunkt und verwirrt dadurch die wirklichen Marktverhältnisse.

Diese Jobber, welche besonders auch an den amerikanischen Terminbörsen zu finden sind, setzen sich nun teils aus kleinen Kapitalisten, teils aus Terminmaklern zusammen, welch letztere ihr Vermittlungsgeschäft dazu mißbrauchen, da sie bei den Liquidationskassen meist das Recht und in gewissen Fällen die Pflicht haben, an Stelle ihrer Auftraggeber selbst in dem Kontrakt gegenüber der Kasse als Partei aufzutreten. Dies erscheint aber mit ihrer Stellung als Vermittler und

---

[1] Vgl. „Der Terminhandel" (Separatabdruck aus der Hamburger Börsenhalle), Abschnitt II.

Vertrauenspersonen unvereinbar und ist denn auch in dem neuesten Regulativ der Magdeburger Zuckerliquidationskasse ausdrücklich verboten.

Richtig ist, daß das Auftreten solcher Jobber auf den Erleichterungen beruht, welche der Terminhandel der Spekulation gewährt, aber es läßt sich keineswegs behaupten, daß dasselbe einen notwendigen Bestandteil des Terminhandels bildet und nicht durch geeignete Organisation beschränkt, wo nicht ausgeschlossen werden kann. Schwierig ist die Lösung dieser Aufgabe allerdings, sie kann aber nur innerhalb des betreffenden Handelsstandes selbst versucht werden, da es dabei wesentlich auf persönliche Momente ankommt: weiß man doch an den einzelnen Börsen sehr gut, wer solches Börsenspiel betreibt, und in dem einzelnen Handelszweig auch ganz genau, an welchen Terminbörsen dasselbe vorherrscht und wo nicht.

Dagegen hat man mit Recht betont[1], daß sich nie eine Organisation wird finden lassen, welche es verhindert, daß auch Terminspekulanten wie andere Spekulanten falsch spekulieren und dafür durch Verluste büßen müssen. Es kommt dann nur darauf an, ob sie dies auch können, ob sie sich nicht über ihre Mittel engagiert haben.

Dies bringt uns also zu einem weiteren, mit dem vorigen zum Teil zusammenfallenden Nachteil, welcher da und dort im Gefolge des Terminhandels aufgetreten ist — nämlich der **Teilnahme kleiner, nicht kapitalkräftiger Kapitalisten** an demselben. Wo der Terminhandel die Spekulation in weite Kreise der Bevölkerung trägt und Leute, die nicht nur dem betreffenden Handelszweig, sondern dem Handels- und Geschäftsleben überhaupt fernstehen: Beamte, Offiziere, kleine Rentiers, Arbeiter ꝛc. — wie dies thatsächlich vorgekommen ist — daran teilnehmen, wie sie sonst vielleicht in die Lotterie setzen, da besteht unzweifelhaft ein schwerer wirtschaftlicher Nachteil. Der Terminhandel in der betreffenden Ware gewinnt dadurch eine ganz unverhältnismäßige Ausdehnung, und das eben in seiner Schädlichkeit gekennzeichnete Jobbertum wird naturgemäß die meisten dieser kleinen Kapitalisten in sich aufnehmen.

Andrerseits lassen sich durch den Terminhandel auch häufig kleine Effektivhändler veranlassen, denselben nicht nur zur Risikoversicherung, sondern zu selbständigen Spekulationen über ihre Mittel hinaus zu benützen.

Gegen diese Mißstände bietet nun das geschilderte System der Ein- und Nachschüsse ein — wenn in der Höhe richtig bemessen — ganz vortreffliches Schutzmittel, da eine Kreditierung dieser Barein-

---

[1] E. T., Der Kreuzzug wider den Terminhandel. S. 38.

zahlungen durch die Kommissionäre doch nur gegenüber kreditkräftigen Auftraggebern erfolgen wird. Dagegen liegt in dieser Einrichtung allerdings — und deswegen hat man teilweise gezögert sie einzuführen — eine nicht unerhebliche Belästigung desjenigen Effektivhändlers, welcher von dem Terminhandel lediglich zum Zweck der Risikoversicherung Gebrauch macht und nun dadurch genötigt wird, stets größere Summen Bargeld flüssig zu halten bezw. ein beträchtliches Kapital in Depositen bei der Liquidationskasse oder dem Clearinghouse festzulegen. Hier hat man nun bei der Hamburger Liquidationskasse ein sehr glückliches Auskunftsmittel geschaffen durch die Einrichtung, daß von der Einforderung der Nachschüsse abgesehen werden muß, wenn der Verkäufer einen indossierten Lagerschein oder ein indossiertes Konnossement über eine zur Erfüllung des Kontrakts geeignete Ware bei der Gesellschaft deponiert, und daß — nach Gutdünken des Vorstandes — davon abgesehen werden kann, wenn der Verkäufer glaubhaft nachweist, daß er im stande ist, die verkaufte Ware rechtzeitig zu liefern[1].

Wie steht es nun aber mit dem weiteren Vorwurf, der gegen den Terminhandel, wie wir in der eingangs besprochenen Petition sahen, erhoben wird — dem der künstlichen Beeinflussung der Preise durch unberechtigte starke Steigerung und nachheriges entsprechend tiefes Sinken der Preise?

Auch in dieser Beziehung sind unleugbar große Mißstände in Verbindung mit dem Terminhandel aufgetreten, deren Beseitigung nur erst teilweise gelungen ist. Wir finden, wo ein ausgebildeter Terminhandel besteht, in Zeiten lebhaften Geschäfts regelmäßig zwei förmliche Parteien, deren eine — die Haussiers — auf ein Steigen der Preise spekuliert, während die andere — die Baissiers — auf ein Sinken der Preise ihre Operationen basiert. Es kommt nun — und zwar besonders wieder an den amerikanischen Weizenterminbörsen — häufig vor, daß Personen, welche sehr stark in Terminen engagiert sind und gegen welche sich der Markt wendet, so daß ihnen schwere Verluste drohen, den Versuch machen, den Markt nach ihrem Willen zu zwingen, indem sie bei einer sinkenden Tendenz anfangen stark zu kaufen oder bei einer steigenden fortgesetzt zu verkaufen, wodurch es ihnen denn auch häufig gelingt, den Preis im Widerspruch zu den augenblicklichen Verhältnissen von Angebot und Nachfrage steigen oder sinken zu machen und so Schwankungen zu veranlassen, die in der Lage des Weltmarktes durchaus nicht begründet sind.

---

[1] Vgl. die erwähnte Denkschrift der Hamburger Handelskammer S. 12.

Man nennt eine Partei, welche den Markt in dieser Weise in die Höhe zu „stoßen" sucht, im amerikanischen Börsenjargon „Bulls" (Stiere), die andere, welche ihn „niederzutrampeln" sucht, „Bears" (Bären), und es entsteht nun häufig ein lebhafter Kampf zwischen beiden Seiten, ein Messen der gegenseitigen Kapitalkraft, bei welchem auf die wirklichen, augenblicklichen Verhältnisse des effektiven Handels wenig Rücksicht genommen wird, sondern es nur darauf ankommt, wer es am längsten aushalten kann. Man schreckt dabei in der Hitze des Kampfes zur Erreichung des Zweckes auch vor unredlichen Mitteln der Beeinflussung des Marktes, wie Ausstreuung falscher Gerüchte u. dergl., nicht zurück. Besonders werden hierbei auch die Prämien= und Noch= geschäfte ausgenützt, welche an sich, wie wir sahen, ebenfalls einem be= rechtigten Bedürfnis entsprechen.

Es liegt ferner nahe, daß derjenige, dem es einmal gelungen ist, den Markt in dieser Weise nach seinem Willen zu zwingen, sich ver= sucht fühlt, dies öfter — und nicht nur in Notlagen — zu thun.

Dies führt uns zu der noch weiter gehenden spekulativen Opera= tion des sogenannten „Corner", auf deutsch „Schwänze" genannt. Diese besteht darin, daß ein Haussier oder gewöhnlich ein Hausse= Konsortium oder =Syndikat andauernd auf einen gewissen künftigen Termin kauft und auch alle bereits auf diesen schwebenden Kontrakte erwirbt und weiter jedes Quantum kauft, welches ihm infolge steigen= den Preises dieses Termins angeboten wird; andererseits aber kauft es, wenn dieser Monat da ist, alle verfügbare kontraktmäßige Ware, die sich am Ort der Erfüllung oder nach diesem in der Nähe unter= wegs befindet, und rechnet nun darauf, daß diejenigen, welche ihm blanko d. h. ohne vorherige Deckung verkauft haben, infolgedessen außer stande sein werden, ihre Verpflichtungen zu erfüllen, und daher dem Hausse=Konsortium sich auf Gnade und Ungnade werden ergeben und jeden Abstandspreis, den dieses fordert, werden zahlen müssen.

Dieses ganze Treiben der künstlichen Preisbeeinflussung ist bis jetzt allerdings hauptsächlich wieder an den nordamerikanischen Weizen= börsen stark ausgebildet gewesen, doch hat auch Liverpool schon seine Baumwoll= und Weizen=Corners gehabt, und große Berühmtheit hat auch der im September 1888 im Hamburger Kaffee=Terminhandel vor= gekommene erlangt, welcher als der eigentliche Anstoß zu der gegen= wärtigen Anti=Terminhandelbewegung in Deutschland anzusehen ist[1].

---

[1] Wir geben wegen dieser seiner Wichtigkeit eine kurze Schilderung seines Verlaufs (nach Jacobson S. 170 ff.):

Der Corner wurde im August auf den Monat September begonnen, ohne daß während der ersten Wochen die Verkäufer die Absicht merkten. Am 21.

Hier hat man sich nun zunächst vor dem weitverbreiteten Fehler zu hüten, die Entstehung solcher Preistreibereien und des spekulativen Aufkaufens einer Ware etwa dem Terminhandel in die Schuhe schieben zu wollen: beide sind so alt wie der Handel überhaupt, sie sind längst vor der Ausbildung des modernen Terminhandels in Lokoware, in Lieferungsware, in Warenpapieren, Warrants und Konnossementen ebenso betrieben worden — aber das ist allerdings nicht zu leugnen, daß sie zunächst mit dem ersten Aufkommen des Terminhandels häufiger geworden sind, daß durch diesen mehr Anlaß und größere Leichtigkeit dazu geboten werden.

Was nun aber zunächst die letzte Form, den vielverrufenen „Corner" anlangt, so ist dessen Bedeutung sehr im Abnehmen; er wird immer seltener und immer aussichtsloser. Je mehr sich die modernen Verkehrsmittel vervollkommnen, desto leichter wird es, wenn auch mit großen Kosten und von weit her, doch noch rechtzeitig genügend lieferbare Ware herbeizuschaffen und so den Corner zu vereiteln. Dann aber hat man in jüngster Zeit an verschiedenen Börsen, so

---

notierte der Septembertermin noch 59³/₄ Pfennige für ½ Kilo. Am folgenden Tage wurde man jedoch auf die Kleinheit des Platzvorrates aufmerksam, und die Blankoverkäufer begannen an Deckung zu denken. In den ersten Tagen des September wurden verschiedene Partieen gekündigt und von den Haussiers abgenommen, ohne wieder auf den Markt gebracht zu werden. Dies verriet das Bestehen einer planmäßig inscenierten Kombination und rief eine große Aufregung hervor. Ein Teil der Baissiers deckten ihre Blankoverkäufe auf September durch September-Einkäufe zu immer steigenden Preisen: am 4. September zu 87½ Pf., am 5. bis zu 93½ Pf. und am 6. bis zu 130 Pf.; 4000 Sack wurden zu 150—200 Pf. zurückgekauft. (Vgl. „Kreuzzug wider den Terminhandel" S. 39.) Andere Blankoverkäufer suchten ihre Kontrakte durch wirkliche Lieferung zu erfüllen und kauften mit großen Opfern überall im Binnenlande die Vorräte der Kleinhändler zusammen und dienten so bis zum 9. September 53 000 Ballen an. Allein das Haussekonsortium hielt sich streng an das Hamburger Standard-Muster für „good average Santos-Kaffee" und wies alle anderen Sorten, auch wenn sie besser waren, als nicht lieferbar zurück. Allmählich aber trafen Nachrichten ein, daß große Mengen lieferbarer Ware von Havre, Genua, Triest per Eisenbahn und von Santos in drei Dampfern unterwegs seien, welche es ermöglichten, wenn auch mit bedeutenden Opfern, alle noch bestehenden Verpflichtungen rechtzeitig zu erfüllen. Infolgedessen sank der Preis des Septembertermins am 24. September auf 64 Pf., und dem Haussesyndikat wurden im ganzen 185 500 Ballen effektiv geliefert. Diese begann es am 27., da eine Fortsetzung des Corner aussichtslos war, langsam per Oktober zu weichenden Preisen zu verkaufen. Der Corner war also noch im letzten Augenblick gesprengt worden, und es läßt sich nicht sagen, ob seine Veranstalter dabei wirklich gewonnen haben; keinesfalls so viel, als sie erwartet hatten.

Vgl. auch Bayr. Handelszeitung 1889, Nr. 30, 31 u. 33.

insbesondere Hamburg — ein vorzügliches Mittel gegen Corners eingeführt durch eine weitere Umgrenzung der lieferbaren Qualität der Ware, nämlich durch die Bestimmung, daß neben der Qualität, welche die eigentliche Basis des Terminhandels bildet, z. B. good average Santos, auch andere Sorten gegen Zahlung einer fixen oder prozentualen Vergütung lieferbar sein sollen. Dadurch ist eine Cornerung des betreffenden Terminmarktes praktisch unmöglich gemacht.

Schlimmer steht es mit der ersteren Operation der künstlichen Preisbeeinflussung durch „Bulls" und „Bears". Hiegegen ist ein direktes Mittel nicht leicht zu finden; es hilft dagegen im allgemeinen nur Klugheit und Besonnenheit derjenigen, zu deren Gunsten sich der Markt wendet; diese dürfen sich durch die Manipulationen und die hohen Preise, welche die anderen bieten, nicht verleiten lassen, gegen ihr besseres Wissen zu kaufen oder zu verkaufen. Alles, was zu genauerer Erkenntnis der jeweiligen Verhältnisse von Angebot und Nachfrage und zur raschen allgemeinen Verbreitung solcher Kenntnisse dient — also eine gründliche Verbesserung der **Produktions- und Konsumtionsstatistik** —, wird zugleich helfen, diese Operationen mehr und mehr aussichtslos zu gestalten. Außerdem wird man wohl sagen dürfen, daß derartige in der Lage eines Artikels nicht berechtigte Preissteigerungen und Preisdrückungen in größerem Maßstabe doch wieder nur von Börsenjobbern versucht werden, welche die statistische Lage des Marktes völlig mißachten, so daß die Ausscheidung des reinen Börsenspiels aus der ehrlichen, berechtigten Spekulation auch hier Abhülfe schaffen würde.

Eine weitere, mit der Marktlage nicht zusammenhängende und in gewissem Sinne auch künstliche Beeinflussung der Preise erfolgt ferner durch die sogenannten „Notgeschäfte". Diesen Ausdruck gebraucht man, wenn ein Terminspekulant, gegen den sich der Markt wendet, aus Furcht in Zahlungsverlegenheiten zu geraten, gegen seine Überzeugung die gekaufte Quantität zu dem gesunkenen Preise wiederverkauft, wodurch, wenn dieses viele gleichzeitig thun, der Markt noch unnötig weiter gedrückt wird — und umgekehrt. Allein dies gehört in das Kapitel der Teilnahme von finanziell zu schwachen Elementen am Terminhandel, mit dem wir uns oben beschäftigt haben.

So zeigt sich, daß die Nachteile und Auswüchse, welche in Verbindung mit dem Terminhandel in seiner bisherigen konkreten Organisation da und dort aufgetreten sind, nichts dem Terminhandel als solchem wesentlich und notwendig Inhärentes sind, sondern durch eine vollkommenere Organisation desselben überwunden werden können und müssen. —

In der Erkenntnis davon hat denn auch eine teilweise Frontveränderung stattgefunden, und die in Deutschland gegenwärtig in Gang gesetzte Bewegung richtet sich zum Teil nicht gegen den Terminhandel an sich, sondern nur gegen seine derzeitige Organisation und zwar speciell gegen die Einrichtung der Liquidationskassen.

An der Spitze dieser Bewegung steht die binnenländische Kaffeefirma Lensing & van Gülpen in Emmerich. Dieselbe hat zwar auch den eingangs besprochenen Aufruf zu einer Massenpetition gegen den Terminhandel überhaupt unterzeichnet, dann aber gegenüber der von der Allgemeinen Zeitung[1] an jenem Aufruf geübten Kritik ihren Standpunkt in einer Zuschrift an diese dahin präcisiert, daß sie sowohl als andere jener Bewegung nur beigetreten seien, „damit Extreme vermieden werden", und daß sie nicht eine gänzliche Aufhebung des Terminmarktes in Deutschland, sondern nur eine Verbesserung des Terminhandels anstrebe. Sehr richtig bemerkt dazu die Allgemeine Zeitung[2], daß in dieser Beschränkung die betreffenden Bestrebungen auf allgemeine Sympathie stoßen würden, daß aber aus der Unterzeichnung jenes Aufrufes der weniger radikale Standpunkt der Emmericher Firma keineswegs zu ersehen gewesen sei.

Wie es scheint, unter dem Einfluß dieser Firma, hat nun die Handelskammer zu Wesel schon unter dem 7. Juni 1888, d. h. nachdem die Hamburger Liquidationskasse eben ein Jahr (seit 11. Juni 1887) bestanden hatte, in einer Eingabe an den preußischen Handelsminister über die Schädlichkeit der Liquidationskassen überhaupt und derjenigen zu Hamburg insbesondere Klage geführt und gesetzliche Vorschrift eines höheren Einschusses sowie staatliche Beaufsichtigung gefordert[3]. In dem Bericht finden sich die folgenden bemerkenswerten theoretischen Ausführungen:

„Termingeschäfte solider Natur sind:

a. für den Pflanzer in den Produktionsländern: er kann seine Ernte auf Lieferung verkaufen, wenn ihm der Preisstand dieses wünschenswert erscheinen läßt;

b. für den Importeur: er kann seine Anfuhren vor Ankunft durch Verkauf sicher stellen, wenn er Rückgang befürchtet;

c. für den Konsumvermittler: er kann sich auf längere Zeit versorgen, wenn er Steigerung erwartet;

d. für den Grossisten, welcher des laufenden Absatzes wegen gezwungen ist, Posten Kaffee auf Lager zu nehmen: er kann bei stark

---

[1] Abendblatt Nr. 166 S. 6, vom 17. Juni 1890.
[2] Abendblatt Nr. 173 S. 7, vom 24. Juni 1890.
[3] Vgl. Jahresbericht der Handelskammer zu Wesel für 1888 S. 13.

schwankenden Konjunkturen durch Verkauf ähnlicher Quantitäten auf Lieferung sich gegen Schaden versichern.

„Ein gesundes Termingeschäft trägt jedenfalls zur Hebung des Handels und zur Ausgleichung großer Konjunkturen bei, die Leichtigkeit aber, mit welcher die Liquidationskassen bei dem allzubilligen Depot Spekulationsoperationen zulassen, wirkt demoralisierend und führt zur Überspekulation. Die Vermittlung und die Garantie der Liquidationskassen verwandelt die Spekulationsgebilde von außerhalb des Kaffeehandels stehenden Leuten in offizielle Werte für den Kaffeemarkt; der Lieferungskontrakt wirkt heute an der Börse als Kaffeenote, und eine Überproduktion solcher Werte muß dieselbe Wirkung haben wie im Staatshaushalt eine übermäßige Ausgabe von Banknoten ohne entsprechende Bardeckung."

Es braucht wohl nicht auf den Unterschied hingewiesen zu werden, daß die Banknote jederzeit zur Einlösung präsentiert werden kann, der Terminkontrakt aber nicht, und daß erstere ein einseitiges Zahlungsversprechen ist, letzterer dagegen ein zweiseitiges.

In erhöhtem Maße erregte dann die Einrichtung der Liquidationskassen die allgemeine Aufmerksamkeit infolge des geschilderten Kaffee-Corners an der Hamburger Börse im September 1888. Die dortige Waren-Liquidationskasse überstand jene kritische Periode nur dadurch unbeschadet, daß sie am 7. September von der dem Vorstand statutenmäßig zustehenden Erlaubnis Gebrauch machte und ihr Reglement suspendierte, d. h. von der regelmäßigen Exekution säumiger Kontrahenten absah. Es erhob sich nun eine Erörterung darüber, ob diese Maßregel für den Verlauf der Schwänze nützlich oder schädlich gewesen, und man begann des weiteren — namentlich im Binnenland — die Liquidationskasse überhaupt für den Ausbruch des Corners und die Dimensionen, welche derselbe annahm, verantwortlich zu machen.

Dies und die Beschwerden, welche zahlreiche Handelskammern und kaufmännische Korporationen — von Frankfurt a./M., Wiesbaden, Koblenz, Köln, Cassel, Düsseldorf, Münster i./W., Harburg, Kiel, Flensburg, Stralsund, Oppeln, Thorn und Königsberg — in ihren Jahresberichten für 1887 über die Einführung des Kaffeeterminhandels an der Hamburger Börse geführt hatten, gab dem preußischen Handelsminister Anlaß zu dem Reskript vom 17. Dezember 1888 an die preußischen Handelsvorstände[1], worin ein Gutachten darüber verlangt

---

[1] Abgedruckt in der „Korrespondenz der Ältesten der Kaufmannschaft von Berlin". XII. Jahrg. 1889. Nr. 1.

wurde, „ob ein Bedürfnis zur Einführung des Kaffeeterminhandels an Deutschen Börsen anerkannt werde und welche Vorteile oder Nachteile diese Einführung im Gefolge gehabt hat". Von den darauf erfolgten Antworten sind diejenigen der **Ältesten der Kaufmannschaft von Berlin** und der **Handelskammer zu Wesel** als die einander entgegenstehenden Pole am interessantesten. In der ersteren vom 29. Januar 1889[1] wird unbedingt anerkannt, daß Hamburg, als es den Terminhandel in Kaffee einführte, nicht nur im eigenen Interesse einer Zwangslage nachgab, in welcher es sich vermöge der Gefahr den Kaffeehandel an Havre zu verlieren befand, sondern dabei mittelbar auch der gesamten deutschen Exportindustrie einen Dienst erwies. Des weiteren wird allerdings zugegeben, daß durch den Terminhandel in Kaffee die ohnehin natürlichen und unabwendbaren Schwankungen im Preis des Artikels größer, häufiger wiederkehrend und rapider geworden sind, und dadurch der Lokohandel in Kaffee nachteilig beeinflußt worden ist; es wird dies aber auf die Neuheit des Kaffeeterminhandels geschoben und die Überzeugung ausgesprochen, daß derselbe, sobald er sich erst einige Jahre eingelebt haben werde, ebenso wie bei anderen auf Termin gehandelten Artikeln in seinem regelmäßigen Gange vielmehr auf allmähliche Ausgleichung des Preisganges hinwirken werde als auf Erhöhung der Schwankungen. Zum regelmäßigen Gange des Terminhandels gehörten aber Vorbeugungsmaßregeln gegen die sogenannten Corner, und solche Maßregeln müßten daher getroffen werden.

Demgegenüber wird in der Antwort der Handelskammer zu Wesel vom 22. Januar 1889[2] auf die frühere Eingabe Bezug genommen und ausgeführt, daß die inzwischen eingetretenen Ereignisse die damals vertretenen Anschauungen vollauf bestätigt hätten.

Am 25. Februar 1889 sandte sodann dieselbe Handelskammer dem preußischen Handelsminister den ersten Jahresbericht der **Hamburger Liquidationskasse** ein, begleitet von einer ihr „von fachmännischer Seite" (d. h. offenbar wieder jener Emmericher Firma) zugegangenen Besprechung desselben[3]. Darin wird aufs neue die schärfste Kritik an jenem Institut geübt und dasselbe als „eine mit geschäftlichem Anstrich übertünchte großartige Spielbank" bezeichnet, und wiederum Erhöhung der Einschüsse oder Depots, staatliche Aufsicht und außerdem auch Vermehrung des Garantiekapitals gefordert.

---

[1] Ebendaselbst S. 9.
[2] Vgl. Jahresbericht der Handelskammer zu Wesel für 1888. S. 23.
[3] Ebendaselbst S. 27 ff.

Mit Erlaß vom 1. März 1889[1] forderte nun der preußische Handelsminister die Ältesten der Kaufmannschaft zu Berlin in Beantwortung ihres Berichts vom 29. Januar auf, insbesondere auch speciell über die Wirkungen der Hamburger Liquidationskasse sich gutachtlich zu äußern, und formulierte die wichtigsten gegen diese erhobenen Beschwerden in folgender Weise.

1. Dadurch, daß die Liquidationskasse einem jeden Kontrahenten die Erfüllung der Verträge gegen die Zahlung eines verhältnismäßig kleinen Betrags gewährleistet, soll die Spekulation gefördert und in weite Kreise getragen sein.

2. Durch die dem Verkäufer und dem Käufer obliegende Verpflichtung, bei Preisschwankungen Nachschüsse an die Kasse zu leisten, würde der Effektivhandel auf das schwerste geschädigt, da er zu diesem Zweck große Kapitalien disponibel halten müsse.

3. Durch die im Fall der Nichtleistung der Zuschüsse von der Liquidationskasse vorgenommenen Zwangsrealisationen würden Preisschwankungen künstlich hervorgerufen, die den Effektivhandel beunruhigten und schädigten.

4. Die Leiter der Liquidationskasse und namentlich die Mitglieder des Aufsichtsrats, die selbst am Kaffeehandel beteiligt seien, gewönnen durch ihre Stellung Einblick in die geschäftlichen Transaktionen ihrer Konkurrenten.

Von diesen Beschwerden abgesehen werde hauptsächlich den sogenannten Prämien=, Doppelprämien= und Nochgeschäften die wesentlichste Schuld an den heftigen Preisfluktuationen in Kaffee an der Hamburger Börse beigemessen und deren Aufhebung eventuell im Wege der Gesetzgebung gefordert.

Darauf hat nun zunächst noch im März 1889 die — dem preußischen Handelsminister nicht unterstehende — Hamburger Handelskammer von freien Stücken in der mehrerwähnten „Denkschrift über den Kaffeeterminhandel" erwidert. Sie giebt darin zunächst eine kurze ökonomische Rechtfertigung des Terminhandels überhaupt, zeigt dann an der Hand verschiedener Statistiken die für Hamburg entstandene Notwendigkeit, denselben einzuführen, und nimmt endlich die Liquidationskasse gegen die erhobenen Beschwerden in Schutz. Allerdings ist es eine ziemlich schwache Logik, wenn gegen den ersten Vorwurf erwidert wird: es könne niemand veranlaßt werden, auf der

---

[1] Korrespondenz der Ältesten der Kaufmannschaft von Berlin. XII. Jahrg. Nr. 5, vom 18. Juli 1889. S. 55.

Terminbörse zu spekulieren; dies ist allerdings richtig, aber damit die Behauptung nicht entkräftet, daß die Liquidationskasse eine besondere Verlockung dazu bildet. Eine Erhöhung — heißt es weiter — werde den leichtsinnigen Spekulanten nicht abhalten, aber den legitimen Handel sehr erschweren. Dagegen wird dann mit Recht die Wichtigkeit der Nachschüsse betont und auf die erwähnte Neuerung zur Entlastung der Effektivhändler hingewiesen. In Bezug auf die Zwangsrealisationen wird angegeben, daß solche seit Bestehen der Kasse erst zweimal für je 500 Sack notwendig geworden seien, womit allerdings gar nichts darüber gesagt ist, wie viele von Kommissionären oder Maklern gegenüber säumigen Auftraggebern vorgenommen wurden und den Markt schädlich beeinflußt haben. Gegenüber dem Vorwurf aber, der Aufsichtsrat habe Einblick in die Geschäftslage gewonnen, wird darauf hingewiesen, daß die demselben zur Kontrolle vorgelegten Register nur die Summe der Engagements der einzelnen Firmen ohne Erwähnung der Preise und Termine und demgemäß keinerlei geschäftlich auszunützendes Material enthielten; endlich wird konstatiert, daß Prämien-, Doppelprämien- und Nochgeschäfte nur etwa 4% aller Umsätze der Kasse ausgemacht hätten. Die Handelskammer schließt mit dem Ausdruck der Überzeugung, daß durch die neuerlassenen und noch weiter geplanten Bestimmungen der Kasse einer Wiederkehr von Cornern erfolgreich vorgebeugt und der Terminhandel in geordnete Bahnen gelenkt werden würde.

An diese Denkschrift schließt sich die Antwort der Berliner Ältesten 2c. vom 1. Juli 1889[1] an und unterstützt die Ausführungen derselben im allgemeinen; nur bezüglich der Liquidationskasse nimmt sie in Einzelheiten einen abweichenden Standpunkt ein. So stellt sie sich bei Punkt 1 der gegen die Kasse erhobenen Beschwerden auf den rein formellen Standpunkt, daß die Kasse nach § 3 des Regulativs es nur mit Kontrahenten, die in Hamburg domizilieren, zu thun hat, während durch Vermittlung der Makler und Kommissionäre in Wirklichkeit jeder Auswärtige von ihr Gebrauch machen kann. Dann aber wird es bei Punkt 4 als erwünscht bezeichnet, daß auch die Mitglieder des Aufsichtsrats, wenigstens diejenigen, welche die Kontrolle der Engagements zu führen haben, von der Beteiligung am Terminhandel für eigene Rechnung oder als Kommissionäre thunlichst ferngehalten werden. Von den Prämiengeschäften aber heißt es: „Es ist nicht in Abrede zu stellen, daß derartige Geschäfte zu Differenzspekulationen unberechtigter Art gemißbraucht und daß durch sie Preisschwankungen

---

[1] Ebenda S. 56 ff.

verstärkt werden können; ebenso ist es aber sicher, daß sie für vorsichtige Kaufleute, welche vor einem noch unsicheren Geschäftsabschlusse stehen, ebenso behufs Begrenzung des Risiko als rationell sich erweisen können, wie dies im allgemeinen Verkehrsleben die Wandelpön thut." Endlich wird die von dem Minister vorgeschlagene Abänderung des Artikel 357 des Handelsgesetzbuches als zwecklos und unrationell dargelegt.

Im Gegensatz dazu aber richtete wiederum die Handelskammer zu Wesel schon unter dem 18. Mai 1889 eine neue Eingabe an den Handelsminister zur kritischen Beleuchtung jener Hamburger Denkschrift und, wie diesmal ausdrücklich angegeben, abgefaßt von den Interessenten Lensing und van Gülpen in Emmerich[1]. In dieser sehr ausführlichen Eingabe wird zunächst aus der Statistik — unseres Erachtens mit geringem Erfolg — die Notwendigkeit des Terminhandels für Hamburg zu bestreiten gesucht, und sodann werden gegen die Liquidationskasse noch schärfere Angriffe erhoben als früher. Dabei erhalten wir auch den Schlüssel zu der ganzen feindlichen Stellung dieser Firma und der Weseler Handelskammer gegenüber dem Hamburger Terminhandel in dem Satz: „Für Rheinland, Westfalen und Süddeutschland ist der Rhein die natürliche Anfuhrstraße; das Gros unserer rheinischen Kaffeebezüge darf nie durch eine Liquidationskasse von der Rheinstraße nach Hamburg verlegt werden." — Bezüglich der Prämiengeschäfte wird behauptet, daß diese erst in den letzten Monaten einen erschreckend großen Umfang angenommen hätten, der infolge der indirekt damit zusammenhängenden Operationen viel größer sei, als die Verbuchungen ergeben, was allerdings möglich ist.

Es wird dann der alte Mirabeau als Bundesgenosse herbeigeholt und endlich mit folgendem Erguß geschlossen: „Die längere Duldung der Liquidationskassen-Arbeit bringt den Handel unter die Zuchtrute eines Korruptions-Systems und das Volk unter die grausamste indirekte Steuer, weil sie nicht dem Staate, sondern den Taschen von Glücksrittern und deren Zuträgern zufließt." Darauf folgt dann noch — in der von Interessenten verfaßten Eingabe! — ein wenig feiner Angriff auf die Hamburger Handelskammer: „Wenn unsere Handelskammer für den Notstand des Kaffeegeschäftes eintritt, so thut sie dieses, indem sie sich bewußt ist, ein Gesamtinteresse des öffentlichen Wohles zu vertreten; wir wissen nicht, ob die Hamburger Handelskammer in demselben Bewußtsein die Waren-Liquidationskasse mit ihrem Namen deckt."

---

[1] Jahresbericht für 1888. S. 35—66.

Der Vollständigkeit wegen ist endlich noch zu erwähnen, wie dieselbe Firma Lensing und van Gülpen in einer weiteren, abermals durch die Weseler Handelskammer beförderten Eingabe, welche uns indes nicht in extenso vorgelegen hat, die Idee der staatlichen Beaufsichtigung der Liquidationskasse zu einer förmlichen Verstaatlichung derselben weitergebildet hat. „Legt man diesen Apparat — heißt es hier[1] — in nicht interessierte Hände, in staatliche Verwaltung oder Überwachung, so wird aus der verführenden und verwüstenden (!) Sirene eine nährende, den Handel stützende Mutter, welche ohne Reklame gelegentlich die Konjunkturen ausgleichenden Kontrakte bucht und nicht mit tausend Organen eine wüste Überspekulation groß zieht, welche durch Ausbeutung natürlicher und Schaffung künstlicher Schwankungen die Enteignung fremden Eigentums (sic!) und Entwertung solider Betriebe verursacht. Es würde schon der moralische Einfluß einer staatlich ordnenden Hand vielleicht genügen, um die Auswüchse der sich allein überlassenen Spekulation zu beseitigen, in den Liquidationskassen selbst bietet sich die beste Handhabe dazu .... Eine Reichsliquidationskasse würde sich zur Korrektur der jetzigen auch an anderen Börsenplätzen vorhandenen Mißstände am besten eignen und sich in ihrer wohlthätigen Wirkung auf das öffentliche Leben ebenso bewähren wie die Reichsbank, freiwillige Gerichtsbarkeit (?) ꝛc. Soll die Garantie beibehalten werden, so würde eine Reichsliquidationskasse eine solche wirklich leisten können." Wir versagen uns eine Kritik dieser Idee und bemerken nur, daß sie doch noch lange nicht so absurd ist als das im vorigen Jahr allen Ernstes erörterte Projekt einer Verstaatlichung der gesamten Börse!

Ehe wir nun unseren eigenen Standpunkt in dieser vielumstrittenen Frage präcisieren, erscheint es nötig, über die bisherige Thätigkeit der Hamburger Liquidationskasse ohne Kommentar die Thatsachen sprechen zu lassen, welche die beiden bisher erschienenen Jahresberichte für 1887/88 und 1889 enthalten.

Danach waren im ersten Geschäftsjahr (11. Juni 1887 — 31. Dezember 1888) von dem Aktienkapital von 3 000 000 (3000 Aktien à 1000 Mark) nur 25 %, d. h. 750 000 Mark eingezahlt. Die im Kaffee=Termingeschäft gemachten Verbuchungen der Kasse repräsentieren aber einen Gesamtwert von 1 947 865 764,05 Mark im Einkauf und ebensoviel im Verkauf und eine Quantität von 23 784 500 Sack. In den ersten Tagen des Jahres 1888 wurde daneben auch das Termin=

---

[1] Vgl. Allgem. Zeitung. Abendbl. Nr. 173, vom 24. Juni 1890.

geschäft in Rübenrohzucker eingeführt, um — wie es in dem Bericht heißt — von diesem wichtigen Artikel, der bis dahin für Hamburg fast nur im Speditionsfach in Betracht kam, einen erheblichen Anteil an der Vermittlung zwischen Deutschland und Österreich einerseits als Verkäufern und England, Amerika und Holland andrerseits als Käufern zu gewinnen. Hier betrugen die Verbuchungen vom 2. Januar bis 31. Dezember 1888: 4363000 Sack mit einem Gesamtwert von 117813286,30 Mark im Einkauf und ebensoviel im Verkauf, woraus sich — wie es heißt — „bedeutende, in stetiger Zunahme begriffene Ablieferungen effektiver Ware ergaben".

Die Tabelle der Verbuchungen auf die einzelnen Monate zeigt bei Kaffee regelmäßige Maxima von $1^{1}/_{2}$—$2^{1}/_{2}$ Millionen Sack im März, Mai und Dezember; im Jahre 1888 gesellt sich dazu infolge des Corners ein solches für September von 4848500 Sack. Die wirklichen effektiven Lieferungen sind in diesem Jahresbericht leider nicht angegeben.

Daraus hat nun die Kasse eingenommen: an Provisionen für Kaffee 4 Pf. per Sack (abgezogen von der den Maklern gutgeschriebenen Courtage von $1^{1}/_{2}$ %), also 951380 Mark und für Zucker 2 Pf. per Sack, also 87260 Mark, d. h., nach Abzug von Zurückstellungen auf 1889, zusammen 1009500 Mark; ferner an Zinsen aus Abrechnungen, Vorschüssen gegen Unterpfand, aus Kontokorrent-Konto und im Reportgeschäft 586931 Mark; also einen Bruttogewinn von 1596431 Mark. Davon kamen für Betriebskosten und Abschreibungen 254386 Mark in Abzug, so daß ein Reingewinn von 1342045 Mark verblieb, aus welchem auf jede Aktie 254 Mark, also 100 % Dividende verteilt wurde. Verluste auf Engagements waren nicht zu verzeichnen. Die Bilanz weist unter den Passiven auf dem Kontokorrent-Konto 7398896,50 Mark Einlagen in bar und 12994500 in Effekten und Lagerscheinen auf.

Wesentlich anders gestaltete sich das zweite Geschäftsjahr 1889. In demselben erfolgte in 3 Terminen die Vollzahlung des Aktienkapitals. Die Verbuchungen in Kaffee zeigen einen bedeutenden Rückgang: von 16510500 Sack im Jahre 1888 auf 9488500, mit einem Gesamtwert von 892839285,70 Mark im Einkauf und ebensoviel im Verkauf. Dabei wurde ein Geschäftsverlust von 7926,55 Mark erlitten.

Dagegen stiegen im Zuckergeschäft die Verbuchungen von 4363000 auf 9117000 Sack im Werte von 284343360 Mark. Allein gelegentlich des bekannten Zuckerkrachs zu Magdeburg erlitt die Kasse infolge der dort erfolgten Suspension der Nachschüsse an einem einzigen Kontrahenten einen Verlust von 981400,35 Mark. Dem steht nur ein Nettogewinn von 769488,20 Mark (bei 572570 Mark an Provisionen und 365987,90 Mark an Zinsen) gegenüber, der Rest wurde aus dem Delcredere-Fonds und dem Kapital-Reservefonds gedeckt. Das Kontokorrent-Konto zeigt an Einlagen in bar 3708963,80 Mark Creditores gegen 2933599,20 Mark Debitores und 14904463,20 Mark Einlagen in Effekten und Lagerscheinen. — In diesem Jahresbericht sind die effektiven Ablieferungen in den einzelnen Monaten mitgeteilt, so daß ihre Zusammenstellung mit den Verbuchungen auf die betreffenden Monate möglich ist[1]. Es wurden im ganzen abgeliefert 449500 Sack Kaffee und 404000 Sack Zucker[2].

Endlich ist aus diesem Jahresbericht hervorzuheben, daß seit 1. Oktober 1889 die Verbuchung von Nochgeschäften und Doppelprämien für Kaffee aufgehoben ist. Für die Verbuchung von einfachen Vor- und Rückprämien in Kaffee aber wurde

---

[1] Es ergiebt sich, wenn die im Jahr 1888 auf die Monate von 1889 gemachten Verbuchungen aus dem ersten Jahresbericht hinzugenommen werden, folgende Statistik:

Monat 1889	Kaffee		Zucker	
	Verbuchungen auf............ (Sack)	Ablieferungen in............ (Sack)	Verbuchungen auf............ (Sack)	Ablieferungen in............ (Sack)
Januar	202500	16000	257000	29000
Februar	116000	10000	185000	12000
März	1735000	52500	581000	15500
April	108000	8500	300500	18000
Mai	2868500	97500	811500	23000
Juni	175500	47500	479000	23000
Juli	599000	37500	808000	38500
August	172000	11500	1395000	66000
September	3255500	52500	382000	39500
Oktober	90500	4000	824000	28500
November	63000	2500	883500	51000
Dezember	2480500	109500	1343000	60000
Summe	11866000	449500	8249500	404000

[2] Im Jahr 1890 erfolgte ein weiterer Rückgang: die Verbuchungen betrugen vom 1. Januar bis 15. November in Kaffee 4127000 Sack, in Zucker 6322000 Sack. Vgl. Frankfurter Zeitung Nr. 326 vom 22. November 1890, erstes Morgenblatt, sowie unten S. 55.

der Einschuß verdoppelt — womit also wieder einem Haupteinwand gegen die Kasse begegnet ist.

Sollen wir nunmehr unser eigenes Urteil über die Liquidationskasse abgeben, so müssen wir zunnächst in Bezug auf die Hamburger bemerken, daß unseres Erachtens hier allerdings noch wichtige Änderungen vorgenommen werden können und müssen: das Aktienkapital ist offenbar zu niedrig, ferner die Einschüsse zu gering, den Maklern muß das Selbsteintreten in die Kontrakte verboten werden, und endlich dürfen auch die Mitglieder des Aufsichtsrates nicht selbst am Terminhandel beteiligt sein. Mit letzterer Forderung ergiebt sich allerdings eine große praktische Schwierigkeit, indem es schwer sein wird, Leute von der nötigen Geschäftskenntnis, die nicht selbst im Geschäft thätig sind, zu finden.

Allein wir müssen weiter gehen und bekennen, daß wir — **ganz abgesehen von den bisherigen konkreten Beispielen** — überhaupt theoretisch und prinzipiell gegen die Einrichtung der Liquidationskassen sind — aus Gründen, welche auf der Natur der letzteren beruhen.

Diese ist nämlich eine dreifache: einmal sind die Liquidationskassen **private Erwerbsgesellschaften, Aktiengesellschaften.** Sie müssen also vor allem ihr eigenes Interesse bezw. das ihrer Aktionäre im Auge haben und daher in jeder Weise eine möglichste Steigerung der Umsätze anstreben, um große Provisionen zu gewinnen; sie bedürfen dazu notwendig der Makler, welchen daher aus dieser Einrichtung eine neue Bedeutung und einflußreiche Stellung erwachsen ist[1], welche durchaus im Widerspruch zu der sonstigen Entwicklung des Welthandels steht, die jene Mittelklasse als überflüssig mehr und mehr zurückdrängt. Auf der anderen Seite werden dadurch die persönlichen Beziehungen zwischen den Parteien vollständig beseitigt. Durch die Courtage, welche diese Makler erhalten, die Provision, welche die Kasse abzieht, und die für Auswärtige noch hinzukommende Kommission der Kommissionäre erwachsen gleichzeitig sehr bedeutende Handelsunkosten, welche keineswegs nur „die Spekulation trägt", wie behauptet wird.

Zweitens dient die Liquidationskasse als solche dazu, jedem Kontrahenten die Erfüllung des Kontraktes zu garantieren. Dadurch übt sie nun unseres Erachtens allerdings — wie ihre Gegner

---

[1] Es waren in Hamburg 1889 für Kaffee 75, für Zucker 45: vgl. „Hamburgs Handel und Verkehr" 1889 S. 138.

ihr zum Vorwurf machen — einen großen Anreiz zur Spekulation aus, gerade auf jene dem Handelsleben überhaupt fernstehenden Kreise kleiner Kapitalisten 2c., deren Teilnahme, wie wir sahen, im Interesse des effektiven Handels wie der ganzen Volkswirtschaft nicht wünschenswert ist. Dadurch erlangt der Terminhandel, und insbesondere die Differenzgeschäfte in demselben, eine so ungesunde Ausdehnung gegenüber dem effektiven Geschäft. Dem könnte allerdings durch bedeutende Erhöhung der Einschüsse abgeholfen werden und zur Erleichterung der Effektivhändler dann eine ähnliche Einrichtung getroffen werden, wie bezüglich der Nachschüsse in Hamburg geschehen ist.

Endlich aber — und dies ist uns der wichtigste Punkt, obwohl er freilich rein theoretisch ist und nirgends sonst betont wird — die Liquidationskasse hat auch, wie wir im II. Abschnitt sahen, den Zweck, der sich in ihrem Namen ausspricht, Termingeschäfte einer Partei, die sich als Käufe und Verkäufe aufheben, schon vor Eintritt des betreffenden Termins zu liquidieren durch Auszahlung der Differenz zwischen Ankaufs- und Verkaufspreis abzüglich eines Diskontos. **Dadurch wird nun aber der Zusammenhang zwischen Termingeschäften und effektiven Geschäften gelöst**, welcher, wie wir sahen, darin besteht, daß es bis zu dem betreffenden Monat ungewiß ist, ob das Geschäft durch effektive Lieferung oder durch Differenzzahlung erfüllt werden wird, daß bis zuletzt jedes Zwischenglied jener ideellen Kette an Stelle eines säumigen Vor- oder Nachmanns zu effektiver Lieferung oder Abnahme gezwungen werden kann. Damit ist also auch der Einfluß — wenigstens eines großen Teils — der Termingeschäfte auf den Effektivhandel und zugleich auch ihre wirtschaftliche Berechtigung beseitigt, das Differenzgeschäft gewissermaßen zum Prinzip gemacht. Der Terminkäufer braucht nun nicht mehr zu untersuchen, wie sich der effektive Markt bis zu dem betreffenden Termin gestalten wird, sondern nur, wie seine Konkurrenten darüber denken, ob er also einen finden wird, an den er baldigst seinen Termin wieder mit Gewinn verkaufen kann; ist ihm dies gelungen, so ist die Transaktion für ihn zu Ende. Diese Einrichtung muß also geradezu das Jobbertum anlocken und heranziehen.

Die Liquidationskasse erscheint uns also — rein theoretisch — als eine unberechtigte Weiterbildung oder Verbildung des Terminhandels. Sie ist aber, wie wir noch zu beweisen haben, auch überflüssig und für die Blüte des Terminhandels durchaus nicht notwendig. Die vollständige Garantierung der Erfüllung des Kontrakts ist für einen wirklichen Kaufmann oder Kapitalisten durchaus unnötig und dem Grundprinzip alles Geschäftsverkehrs widersprechend, welches auf der Selbstverantwortlichkeit, auf der persönlichen Vorsicht im Abschluß von Geschäften beruht. Die Einrichtung von Ein- und Nachschüssen, welche bei einem Clearinghaus oder dergleichen deponiert werden, ist darüber hinaus vollständig genügend. Und auch die Erleichterung, welche die Liquidationskasse bei der Lieferung und Abrechnung gewährt, wird, wie wir im II. Abschnitt sahen, ganz ebenso bei der **verbesserten (Liverpooler) Form des Clearinghauses** erreicht, ohne mit ähnlichen Nachteilen verknüpft zu sein. Auf diese auf dem Kontinent gar nicht bekannte Organisationsform sei daher zum Schlusse nachdrücklich hingewiesen. Im übrigen beweist das Beispiel des Berliner Getreidehandels, daß ein blühender Terminhandel auch ohne alle diese Einrichtungen der Ein- und Nachschüsse, Clearinghäuser und Liquidationskassen möglich ist.

Suchen wir nun zu einem abschließenden Urteil über den Warenterminhandel zu gelangen, so wird dies folgendermaßen lauten müssen[1]:

Der Terminhandel stellt theoretisch die höchste Stufe in der modernen Entwicklung des Warenhandels dar, er ist die vollendeteste Form des Handelsbetriebs, wie er mit Hülfe der modernen Verkehrsmittel möglich geworden ist. Er ist für eine Reihe von wichtigen Artikeln des Welthandels ganz unentbehrlich zur Erfüllung der Aufgabe, sie schnell und mit möglichst geringen Preisschwankungen über den ganzen Erdkreis hin der Zeit wie dem Raume nach zu verteilen.

Er gewährt nämlich — wie schon der Lieferungshandel — dem Produzenten die Möglichkeit, sich im voraus eines Abnehmers, dem Konsumenten die Möglichkeit, sich im voraus der Ware, deren er künftig bedarf, zu versichern. Er erweitert aber zugleich auch durch die Teilnahme der Kapitalisten den Markt und bietet dadurch die Gelegenheit, das Risiko einer Preisänderung über eine große Anzahl zu verteilen und dem importierenden Händler unter Umständen gänzlich abzunehmen. Dadurch verschafft er dem Platz, wo er betrieben wird, größere Zufuhren und zahlreichere Kaufordres.

In allen diesen Beziehungen haben auch diejenigen von den Termingeschäften einen wirtschaftlichen Nutzen, welche ohne wirkliche Lieferung lediglich durch Differenzausgleichung erledigt werden.

Die Möglichkeit einer solchen Erledigung führt nun aber auf der andern Seite dazu, daß einerseits die Händler selbst sich über ihre Mittel in Termingeschäften engagieren und daß andrerseits professio-

---

[1] Vgl. Jacobson a. a. O. S. 176.

nelle Jobber sowie kapitalschwache und außerhalb des Geschäfts- und Handelslebens überhaupt stehende Personen sich daran beteiligen. Infolgedessen erlangen nicht nur die Terminumsätze eine unsinnige Ausdehnung, sondern es wird auch vielfach mit großer Unkenntnis auf Termin spekuliert. Dadurch und noch mehr durch Manipulationen, welche eine künstliche Bildung des Preises bezwecken und unnötige Schwankungen hervorrufen, um daraus Gewinn zu ziehen, wird das Gegenteil von einer Nivellierung der Preise erzielt.

Durch all dies können die günstigen Wirkungen des Terminhandels zeitweise paralysiert und der Handelsstand und unter Umständen die ganze Volkswirtschaft oder doch weite Kreise der Bevölkerung demoralisiert werden.

Allein während die Vorteile des Terminhandels in der wirtschaftlichen Natur desselben begründet sind, erscheinen diese Auswüchse nur als Folgen seiner bisherigen, meist noch sehr jungen und daher unvollkommenen Organisation. **Es gilt daher nicht, den Terminhandel überhaupt als schädlich zu beseitigen — was sich überdies als unmöglich erweisen würde — sondern diese Auswüchse desselben nachdrücklich zu bekämpfen.**

Durch die jüngsten Verbesserungen in der Technik des Terminhandels ist in dieser Beziehung bereits viel erreicht worden. Weiteres bleibt noch zu thun. Es kann hier nicht unsre Aufgabe sein, specielle Vorschläge darüber zu machen; nur das eine möchten wir prinzipiell betonen, daß auch diese weitere Ausbildung und Verbesserung des Terminhandels am besten erzielt werden kann nicht durch ein Eingreifen des Staates, sondern durch die eigene Thätigkeit des nächstbeteiligten Handelsstandes auf dem Weg börsenmäßiger Organisation und korporativer Verfassung[1].

Wie bedenklich ein Eingreifen des Staates bei der außerordentlichen Empfindlichkeit der in Frage kommenden Interessen auf diesem Gebiet werden kann, dürfte das Vorgehen des preußischen Handelsministers gegen den Berliner Getreidehandel im Jahre 1888 zur Genüge bewiesen haben. Die einzelnen Phasen dieser Aktion, welche seiner Zeit soviel Staub aufwirbelte, sind wohl noch bekannt, so daß hier nur kurz daran erinnert zu werden braucht[2]. Durch die Denunciation eines Spekulanten, der Unglück gehabt hatte, ferner

---

[1] Vgl. Cohn a. a. O. S. 419.
[2] Vgl. u. a. Deutsches Wochenblatt 1888, Nr. 15.

durch eine Beschwerde der Müllereiinteressenten und eine Eingabe des Deutschen Landwirtschaftsrates[1] veranlaßt, verlangte der Handelsminister von dem Berliner Getreidehandel den vollständigen Ausschluß beteiligter Händler aus der Sachverständigen-Kommission, sowie Verbesserung der Lieferungsqualität für Termingetreide durch Erhöhung des verlangten Minimalgewichts für Roggen, Weizen und Hafer und Einführung neuer getrennter Schlußscheine für Weizen mit Ausschluß von „Rauhweizen" und für Rauhweizen allein. Der Widerstand der Ältesten der Kaufmannschaft zu Berlin und noch mehr der ihnen unterstehenden ständigen Deputation der Produktenbörse war äußerst heftig[2], und mußte sich der Minister schließlich von der Undurchführbarkeit seiner Forderungen bezüglich des ersten Punktes überzeugen und sich damit begnügen, daß wenigstens die Getreide-Terminhändler prinzipiell aus der Kommission ausgeschlossen wurden, dagegen blieb er in den beiden anderen Punkten unnachgiebig und erlangte deren Annahme durch die Interessenten (ausgenommen den besonderen Schlußschein für Rauhweizen, welcher denselben ohne ihre Zustimmung aufoctroyiert wurde) nur durch die Androhung einer Abänderung der Börsenordnung und eventueller Ausschließung derjenigen von der Börse, welche nach anderen als diesen Schlußscheinen Termingeschäfte abschließen würden. Mit vollem Recht protestierten die Ältesten der Berliner Kaufmannschaft gegen letztere Maßregel als geradezu unmöglich, da sie „das Prinzip der Vertragsfreiheit beseitigen und die Abschließung gesetzlich vollkommen erlaubter Geschäfte mit den bisherigen Ausschließungsgründen, wie Ehrverlust, Zahlungsunfähigkeit und Bankerott, Beleidigung und Verleumdung, Verletzung des Anstands und Verbreitung falscher Gerüchte, auf eine Linie stellen würde".

Der Nutzen der ganzen Aktion für die heimische Landwirtschaft steht noch dahin, da dieselbe nach dem Eingeständnis des Landwirtschaftsrates zum Teil ihr Getreide erst auf die hohe Qualität bringen muß, welche die neuen Schlußscheine verlangen, und bis dahin wird eben bessere Qualität aus dem Ausland herbeigezogen. Selbst die noch etwas niedrigeren Gewichte, welche für das erste Jahr zum Übergang zugestanden waren, wurden infolge sehr günstiger Ernte vom einheimischen Weizen zwar erreicht, von einheimischem Roggen jedoch meist nicht, von einheimischem Hafer nur teilweise; in Roggen kam

---

[1] Siehe „Geschäftsbericht des Deutschen Landwirtschaftsrates 1888" unter Nr. 8.

[2] Vgl. die Korrespondenz zwischen dem Handelsminister und den Ältesten in der „Korrespondenz der Ältesten der Kaufmannschaft von Berlin". XI. Jahrg. 1888. Nr. 4, 6 und 7.

daher fast ausschließlich, in Hafer überwiegend russische Ware zur Kündigung an der Terminbörse[1]. Diesem zweifelhaften Ergebnis für die Landwirtschaft steht auf der anderen Seite eine ausgesprochene Schädigung des Handels gegenüber, indem die Zahl der Termingeschäfte in Weizen erheblich herabging und der Rauhweizen — wie die Interessenten vorausgesagt hatten — vollständig aus dem Termingeschäft verschwunden ist[2], sowie eine tiefgehende Erbitterung des Handelsstandes über die ihm widerfahrene Vergewaltigung.

Wir glauben nicht, daß dies der richtige Weg zu dem zu erstrebenden Ziele ist. Es darf aber wohl angenommen werden, daß mit dem Wechsel im Handelsministerium auch ein Wechsel in der Stellung der preußischen Regierung zu diesen Fragen eingetreten ist. Möge die öffentliche Meinung folgen. Durch sie allein kann unseres Erachtens auf diesem Gebiet ein erfolgreicher Druck ausgeübt werden. Aber dazu ist natürlich vor allem nötig, daß sie den Dingen ein richtiges Verständnis und guten Willen entgegenbringt. Daher ist alles, was zur Aufklärung derselben dienen kann, von größtem Nutzen. Wir können deshalb die von der Oberbayerischen Handelskammer — allerdings im gegnerischen Sinn — erhobene Forderung nach einer Reichsenquete über den Waren-Terminhandel nur befürworten. Ihre Erfüllung würde in sachlichem wie wissenschaftlichem Interesse aufs wärmste zu begrüßen sein.

Wir müssen aber zum Schluß einen Einwand vorwegnehmen, den wir voraussehen. Man wird uns von einigen Seiten entgegnen: wir können in Deutschland die Regelung dieser wichtigen Fragen nicht dem Handelsstand selbst überlassen, weil dieser bei uns nicht genügend innere Geschlossenheit, Selbstkontrolle, Solidität und geschäftliche Ehrenhaftigkeit besitzt, und wird uns demgegenüber auf die imponierende aristokratische Stellung des englischen Handelsstandes verweisen. Dies Argument ist zunächst teilweise zu bestreiten: der Handelsstand der großen Hansestädte kann sich getrost dem englischen an die Seite stellen. Im übrigen möge man eine Wahrheit bedenken, welche die Geschichte aller socialen Entwicklung lehrt: kein Stand verdient auf die Dauer mehr Achtung und Ehre, als man ihm zollt, oder ins Positive gewendet: das beste Mittel, eine Klasse social zu heben, ist, daß

---

[1] Vgl. den Bericht der Ältesten der Kaufm. vom 1. Juli 1889. Ebendaselbst XII. Jahrg. Nr. 5.

[2] Ebenda S. 50, sowie Emil Meyer, „Bericht über den Getreide-, Öl- und Spiritushandel in Berlin im Jahre 1888". Berlin 1889. S. 1, 22 und 23.

man ihr größere Ehre einräumt. Mehr als Fabrikgesetze und Gewerkvereine hat den englischen Arbeiterstand die Thatsache gehoben, daß die höheren Klassen ihn als gleichberechtigt zu betrachten und zu behandeln begonnen haben. Man breche doch in Deutschland mit jener verhängnisvollen, aus den Zeiten unserer tiefsten Erniedrigung stammenden Mißachtung des Handelsstandes, die in bureaukratischen, militärischen und agrarischen Kreisen so weit verbreitet ist, man schüttle das unwürdige Vorurteil ab, als sei jeder Handeltreibende mehr oder weniger ein Betrüger, der unrechten Gewinn machen will und dem Produzenten den Verdienst schmälert, dem Konsumenten das Leben verteuert, man hüte sich vor der fehlerhaften Übertreibung einer an sich berechtigten Strömung des modernen Handels: nach möglichst direkter Verbindung jener beiden durch Beseitigung alles Zwischenhandels. — mit einem Wort, man gebe dem Handelsstand die Achtung, die er in England genießt, und er wird sie verdienen! Dies ist der beste Weg, auch die heutigen Schäden des Waren-Terminhandels mit Erfolg zu bekämpfen.

Straßburg i. E., im Oktober 1890.

Nachtrag.

Nach einer Zusammenstellung in Nr. 9 der Frankfurter Zeitung vom 9. Januar 1891 (II. Morg.-Blatt S. 3) zeigt die Höhe der Umsätze (Verbuchungen) im **Kaffee-Terminhandel** der 7 wichtigsten Terminbörsen in den letzten 3 Jahren folgende bedeutende Abnahme:

	1888	1889	1890
Havre	19 770 000	13 240 500	12 097 500
New-York	21 016 000	14 336 500	9 688 000
Hamburg	16 510 500	9 488 500	4 790 000
London	1 002 500 [1])	3 834 500	2 161 000
Rotterdam	1 117 500 [1])	1 227 500	1 157 000
Antwerpen	3 291 500	2 499 250	1 033 500
Amsterdam	742 250 [1])	1 150 250	978 500
	63 450 250	45 777 000	31 905 500 Sack.

Diese Abnahme von im Ganzen über 50%, (bei **Hamburg** fast 75%!) gibt offenbar denjenigen Recht, welche in der früheren unverhältnismäßigen Ausdehnung nur eine „Kinderkrankheit" des Terminhandels erblickten, und dürfte für viele sehr tröstlich und beruhigend sein, macht aber darum einen weiteren solideren Ausbau der Organisation keineswegs überflüssig!

---

[1]) Eröffnet im Mai 1888; daher hier 1889 zunächst höhere Ziffern für das ganze Jahr.

Pierer'sche Hofbuchdruckerei. Stephan Geibel & Co. in Altenburg.

Printed by Libri Plureos GmbH
in Hamburg, Germany